文創產業企劃實務

影視、出版、創業、
競賽與標案一本通

施百俊　著

五南圖書出版公司 印行

序 企劃，文創產業的核心能力

　　文化創意產業的定義「包山包海」，凡人類生活的食衣住行育樂無所不包。《文化創意產業發展法》定義的子產業則大致可分作「媒體／內容產業」、「設計產業」、「藝文工作」等三大類。但無論屬於哪一類，企劃工作始終是經營活動的核心，無論電影、電視、戲劇、行銷、活動、會展、標案、競賽……都需要企劃。因此我們可以說，從事文化創意產業，必須具備「企劃」的核心能力。然而，企劃這門學問涵蓋面廣，又沒有發展出系統化的程序SOP可供遵循，向來缺乏授課用的教科書。本書的目標即是滿足大專院校這項普遍性需求。

　　本書規劃上下兩篇：上篇為「企劃工作方法篇」，談企劃的定義、思維、創意發想、企劃寫作、企劃提案與企劃職涯等主題；下篇則為「企劃實務篇」，談在文化創意產業中的各種企劃運用，並附有實例企劃書。完全「實務導向」，馬上可以拿來提案、參與競賽等。

　　本書適合作為大專高年級「文化創意產業企劃」相關課程的教科書，分量足夠一學期十八週，每週三小時授課。各講長短難易不均，不一定每週就是一講，教學進度請自行斟酌調整。各講中均有範例及習題，註明了企劃的重點，並評述其優缺點，可供讀者精進練習。教學材料及投影片等，歡迎來信索取：bj@bjshih.idv.tw。

　　學期課程規劃為：第一週課程介紹時先將同學分組（每組4-5人），每2-3周要參加一個企劃競賽或提案徵選（書內有提供資訊）——全都是「玩真的」，沒有扮家家酒式的模擬練習。每週上課都是「翻轉教室」：上課前，學生自行參考課本中的範例，蒐集資料、撰寫構想、擬定企劃；於上課時當場與老師討論修正；下課後再完成企劃細節，然後投案。期中、期末測驗可以讓同學參加相關比賽來代替考試，累積實務經驗又能拿大獎，一舉數得。

要特別說明的是，本書所有範例均為真實提案作品，所涉及之人事物以及圖文資料等，因授權及隱私等種種考量，或有省略或調整，請讀者鑑察。範例均經著作人書面授權使用，除以本書作為教學用途外，不得再次引用。

要做好企劃，就必須具備許多文創基礎知能。本書第一版出版以來，受到各大專院校文創科系的熱烈歡迎，紛紛採用為企劃課程的教科書。在第二版中，我們更新了大部分的企劃範例，並且換上了最新的企劃資源參考索引。在此推薦《經營文化創意產業：從財務管理出發》（五南出版），這本書處理企劃的關鍵要素「錢」。《開心玩文創：從0到億的創新魔法書》（書泉出版）則是文創事業經營的指南，從產業分析、創業計畫、經營管理都有詳盡的說明。《故事與劇本寫作：文創、電影、電視、動漫、遊戲》（五南出版）說明「文創以故事為核心」，詳解故事和劇本的編作方法，可幫助更深入了解文創企劃的精神。

最後想講的是，一本書的完成通常是數十人、甚至上百人心血的結晶。作者之功，十分之一罷了。因此，我想先感謝嗨森數位文創李欣蓉老師以及屏東大學文化創意產業學系林姿妏等數十位歷屆同學提供實際企劃範例（姓名於各範例中標註），並協助資料蒐集、整理、編寫、繪製以及文獻校對工作。如果沒有其熱心貢獻，本書將無法完成。感謝策劃出版本書的五南圖書出版公司，陳念祖主編、李敏華編輯以及其他辛勤同仁，他們的敬業精神無人可比。本書內容若有任何可取之處，全歸功以上各位；若有疏漏缺失，則全是作者本人的責任。歡迎批評指教，請寫信告訴我：bj@bjshih.idv.tw。

施百俊

www.bjshih.idv.tw

於臺灣屏東

目錄

contents

企劃工作方法篇

第1講 什麼是文創企劃

> 夫未戰而廟算勝者，得算多也；未戰而廟算不勝者，得
> 算少也，多算勝，少算不勝，而況於無算乎？
>
> ——《孫子兵法》

　　企劃（Planning），又稱策劃。廣義而言，是「一個由個人、多人、組織團體、甚至是企業為了完成某個策略性目標而必經的首要程序。包括從構思目標、分析現況、歸納方向、判斷可行性，一直到擬定策略、實施方案、追蹤成效與評估成果的過程。」[1] 亦即「PDCA」的管理循環：Plan-Do-Check-Action 規劃—執行—查核—行動。這定義隱含了本學科屬於「管理學門」的研究領域，所有的管理工作都屬於企劃的一部分。然而，在實務教學與應用上，卻略顯失焦。以至於學科發展至今少說四、五十年，仍然猶如瞎子摸象，各說各話的狀態。各家企劃課、教科書的內容仍不盡相同。就連最基本的，應該寫作「企劃」或是「企畫」，仍然莫衷一是。

　　我們比較務實，想稍微聚焦一下，採取狹義的定義：企劃就專指為了完成某個目標所做的計畫，包括構思、分析、撰寫企劃書、提案等「前期」準備過程，也就是《孫子兵法》中所謂的「算」，是謀劃、計算的意思，不包括執行、查核、行動……「後期」方法。也可以這樣說，本書只談「運籌帷幄之中」的部

1　引自維基百科 http://zh.wikipedia.org/wiki/企劃。

分，紙上談兵；「決勝千里之外」的部分，交給其他的專業課程去研究吧！

「企劃」這個詞，一般有三種意義：

一、指的是「事」，作為動詞使用，專指從事企劃的工作。比如說：
　　「作企劃」、「寫企劃」，或直接叫「企劃」。

二、指的是「物」，作為名詞使用。專指企劃工作的成果，比如說
　　「企劃書」（Plan）、「企劃構想」（Thinking）和「企劃提案」
　　（Proposal），或直接叫「企劃」。

三、指的是「人」或「組織」，作為名詞使用。專指從事企劃的人，
　　比如說「企劃人」、「企劃經理」、「企劃部」，或直接叫「企
　　劃」。

這是因為中文詞性的緣故。日常交替混用，通常不會有問題。

企劃的思維

創意與邏輯並重

文化創意產業本質上就是一門「跨領域」（Cross-discipline）的訓練，
因此學習文化創意產業企劃這門學問時，與來自管理、傳播、工程技術、藝
術……領域的思考模式，會產生或多或少、或大或小的衝突。其中最常見
的，就是「創意」和「SOP」（Standard Operation Procedure，標準作業程序）
的衝突。

創意基本上是個「感性過程」，不遵守邏輯規則、非線性而發散。講
究的是天馬行空、神來一筆，這在人文藝術領域的訓練方式中尤為明顯。而
在管理與工程領域中，企劃是個「理性過程」，講究SOP。要能設計出標準
作業程序，確保工作能達到預期的目標，而且，最好每次都能達到預期的目

標。也因此，跨領域企劃時，常陷入兩難的狀態。究竟要強調創意呢？還是要講究邏輯與程序？

由於我同時受過人文、商管、工程的專業訓練並且長期從事文創企劃，這些年逐漸發現，這兩者並不全然是互相衝突的概念。或者說，理性與感性、創意與邏輯……都屬於辯證發展關係。也就是說，這兩者是在互相對抗中，各自壯大。就像卡通、漫畫中的正派與反派角色雖然互相對抗，但正派必須時時鍛鍊自己，想辦法比反派強大，才能夠維護正義；而反派也必須時時鍛鍊自己，想辦法找出正派的弱點，才能夠達成邪惡的目標。

請注意，很多人會誤以為要將兩者「融合」或「打通」，其實那根本做不到，即使做到了，也會變成一團糟。就像太極的陰陽圖形，陰中有陽、陽中有陰；但陽是陽、陰是陰，黑魚白魚可不能混在一起，混在一起就變成髒兮兮、灰濛濛的一大坨不知道什麼東西了。

圖1　創意與邏輯的關係就像太極陰陽，合而不融

合而不融才是正道。作企劃時必須用創意思考來打破既定的規則與邏輯，也必須建立標準作業程序來制約發散性的創意思維。當既有的規則和邏輯越強大，就需要越強大的創意能力才能夠超越；而當創意太強失去控制之

時，就必須要有越嚴謹、注重細節的思考方式，才能夠完成企劃作業。也就是說，兩者必須並行，並且時常修鍊讓它們互相對抗而茁壯的方法。

目標導向

企劃在定義上就是「目標導向」。所有企劃必須朝著最終的策略目標發展，因此，在創意過程中，必須篩檢、刪除那一些沒有辦法直接或間接達到最後目標的方法和途徑。

有的人會說這是廢話，不盡然。因為企劃工作是「先發散、再收斂」。在創意發散的過程中，通常沒有約束。尤其是缺乏經驗的企劃新手，很容易「迷路」，繞來繞去繞了半天，卻找不到原來想去的地方。比如說運用心智圖法，常常整個黑板都畫滿了，最後才發現沒有幾條可行。

這裡教你一個小訣竅：「逆向展開」——從原先預定的目標，一步一步倒推發展回來。可以相當程度的減少企劃工作的負擔，也可以更有效的完成企劃。

比如說想要賣出一萬套文創商品（策略目標），那你得先賣出一千套吧？要賣出一千套，得先賣出一百套……以此類推，你必須先找出方法賣出第一套。企劃賣出第一套、找到第一個客戶的方法，那就是這整個企劃的關鍵。

這個方法可以有效的讓你聚焦在最終目標上，也就是「目標導向」企劃最重要的意義。

客戶導向

很多人，尤其是新手常常會問：「老師，客戶／業主／長官／老闆／主管／夥伴（統稱為客戶）要的玩意（企劃）和我的理想衝突，那應該怎麼辦？」言下之意，就是他原本想作的企劃應該是怎麼樣又怎麼樣，結果被改

得面目全非、批得一無是處……他很傷心，覺得客戶實在水平很低、沒有審美觀念……。

我的回答通常很類似：這種說法，除了暴露出他自大傲慢，沒資格當個「企劃人」以外，沒有任何的意義。

請記住企劃是為了某個目標所進行的工作。除了為自己而作的企劃以外，其他的企劃都是為了滿足「其他人」所給的目標，也就是客戶想要完成的事情。打個比方，就像炮兵部隊必須依照司令官所指示的方向目標位置去打，而不是自己想打哪裡就打哪裡，才能爭取到戰爭的勝利。

客戶對整體計畫大目標所看到的視野，可能和你不一樣。很可能發到你手上的企劃，只是整體大計畫的一部分；所訂立的目標，只是整體大戰略所必須攻下的次戰場。也有可能，根本是你的學問不夠、眼光不夠、才能不夠，所以才會覺得客戶的意見不好。

更重要的是，江湖規矩「出錢的人是老大」。客戶願意花錢、花資源僱用你來作企劃，必然是因為他自己沒能力沒時間處理，所以只好請你代勞。如果你拿了錢，作出來的東西不如客戶的意思，那不如同你賣假貨一樣？

從經濟學的角度看，要知道企劃是一種「不確定性」很高的商品。沒作出來以前，企劃人和客戶，誰也不知道成品長得像怎樣？因此，很多企劃案會成交執行，都不是因為案子的內容，而是接案者本身的信譽（Reputation）。你賣了一次假貨，以後還想有案子作嗎？幹這一行最大的訣竅是要「好逗陣」，能接受客戶指揮、使喚、差遣，願意協調的人才會是人見人愛的好企劃。

客戶導向是至高無上的原則，不要把你自己的個人理想放在客戶利益之上，才能做出好企劃。

當然，這並不是說企劃人對案子不該有自己的看法。對案子沒有看法的人是庸才，誰會讓你作企劃？而是，如果自己的想法和客戶的想法有衝突，應該自己平心靜氣的想一想，到底哪種作法比較恰當。如果真的是自己的作

法比客戶的好，更應該想個好方法去表達，那才能勝任企劃工作。

　　日本企劃大師高橋憲行認為：越是複雜，就越需要「稱為企劃書的設計圖」。[2] 除了我們剛剛提過的企劃思維以外，他另提出八項重要的企劃原則：

- 目標導向：目標是形成企劃的主題，所以要先找到目標。
- 情報導向：調查能力、觀察能力是基本的能力。掌握事實是企劃的第一步。
- 感性導向：文書情報只是情報的一部分。包括音樂、美感意識，能敏銳感受到這些非情報的感官情報，也是所需的特質。
- 結構導向：市場或公司組織等各式各樣的東西，必須能將它化為結構性的系統。
- 策略導向：布局要長遠，實際上必須及早做策略性的思考與行動。
- 合作導向：要常常和不同的人才、材料配合，磨練感受力，一旦需要的時候，就可以和人合作處理工作。
- 實踐導向：不去實踐，成果就不會顯現，企劃師能力的展現，不在紙上談兵，而是在現場如何行動。
- 顧客導向：市場上有顧客，如果不能貫徹顧客至上主義，就不能看清市場的狀況。[3]

產業現況

　　文化創意產業（簡稱「文創」、「文創業」），根據《文化創意產業發展法》，是指「源自創意或文化積累，透過智慧財產之形成及運用，具有創

2　《高橋憲行企劃書聖經》，p.14。
3　《高橋憲行企劃書聖經》，p.86。

造財富與就業機會之潛力，並促進全民美學素養，使國民生活環境提升之下
列產業：

　　一、視覺藝術產業。

　　二、音樂及表演藝術產業。

　　三、文化資產應用及展演設施產業。

　　四、工藝產業。

　　五、電影產業。

　　六、廣播電視產業。

　　七、出版產業。

　　八、廣告產業。

　　九、產品設計產業。

　　十、視覺傳達設計產業。

　　十一、設計品牌時尚產業。

　　十二、建築設計產業。

　　十三、數位內容產業。

　　十四、創意生活產業。

　　十五、流行音樂及文化內容產業。

　　十六、其他經中央主管機關指定之產業。

　　為配合行業標準分類之修訂以及文創產業之發展，文化部每年都發布
《臺灣文化創意產業發展年報》，提供最新的產業資訊。想要進入文創產業
的企劃新手們，應該詳細閱讀。

　　以下我們就從《2016臺灣文化創意產業發展年報》（文化部，2016年12
月）簡單了解一下現況。

　　首先，是整體文創業的產值，在**2015年達到新臺幣8,339億**。扣除國際
貴金屬原料價格波動而導致工藝產業的衰退外，仍然維持每年成長的趨勢。
產業家數大約62,985家。也就是臺灣人口平均每380人左右，就有一家文創產
業──「村村搞文創」的說法並不誇張。

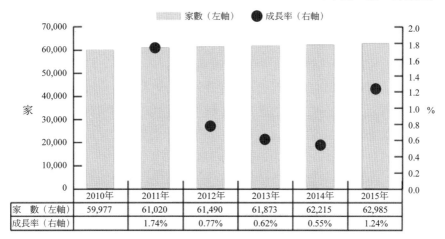

（單位：家、百分比）

	2010年	2011年	2012年	2013年	2014年	2015年
家　數（左軸）	59,977	61,020	61,490	61,873	62,215	62,985
成長率（右軸）		1.74%	0.77%	0.62%	0.55%	1.24%

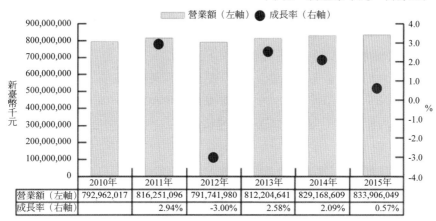

（單位：新臺幣千元、百分比）

	2010年	2011年	2012年	2013年	2014年	2015年
營業額（左軸）	792,962,017	816,251,096	791,741,980	812,204,641	829,168,609	833,906,049
成長率（右軸）		2.94%	-3.00%	2.58%	2.09%	0.57%

圖2　文創產業家數與營業額概況[4]

資料來源：財政部財政資訊中心之資料，本年報整理，2016年10月。

4　《2016臺灣文化創意產業發展年報》，p.20。

廣播電視產業（新臺幣1,561億元）、廣告產業（新臺幣1,493億元）、工藝產業（新臺幣1,211億元）是營業額前三名。廣播電視產業、電影產業、產品設計產業、出版產業及廣告產業，是平均每家廠商營業額前三名。也就是說，這些是目前比較熱門、前景看好的產業類別。

　　由以上毫不嚴謹的「十五加一」次產業介紹，我們可以看出文創其實是「包山包海」，硬要扯關係的話，每一種產業都可以「搞文創」。當然，我們可以體會政府之所以界定如此寬鬆，是因為想儘量讓越多的人可以和文創這項新興產業沾上邊，促進國家經濟的發展。

　　然而就研究與實務的目的來說，這麼寬鬆的定義沒有幫助，也失去焦點，更容易造成關心者的誤會。比如說，保存古老手工藝和搞行動裝置App，實在很難說是同一類產業。也因此本領域的學者或從業人員老是在互相爭執，消耗著彼此的能量——你說老是要追求產值，缺乏文化涵養；他說老是搞一些被時代淘汰的玩意，如何促進國家進步？這就是當今文創最重要的問題：「雲端化vs. 泥土化」爭論的來源。也因此，文創業的主管機關「文化部」會搞得父子騎驢，兩面不是人。

　　這十六類次產業若重新整理分類，會更具有意義：首先，把「十六」這個巧門拿掉，就可以避免一些非文創產業進來魚目混珠。其次，「十四」創意生活產業也拿掉，因為其定義太過籠統模糊——食衣住行各類產業都算在內，說了等於白說；就連文化創意產業年報也統計不出相關的資訊。剩下的十四類，其實可以很嚴謹的分為三大類：

　　（一）內容產業：包括五、六、七、八、十三、十五項的產業，以「內容」為主要商品來創造價值。屬於政府組織改造前，原來「新聞局」所主管的產業範圍。

　　（二）設計產業：包括九、十、十一、十二、十四項的產業，以「設計」來創造主要商品價值。原來屬於「經濟部」所主管的產業範圍。

（三）藝文工作：包括一、二、三、四項的工作類型，是傳統藝術管理與文化保存工作的範圍，不具有產業化的潛力。屬於政府組織改造前，原來「文建會」所主管的產業範圍。

（一）內容產業	（二）設計產業	（三）藝文工作
・電影產業 ・廣播電視產業 ・出版產業 ・廣告產業 ・數位內容產業 ・流行音樂及文化內容產業	・產品設計產業 ・視覺傳達設計產業 ・設計品牌時尚產業 ・建築設計產業 ・創意生活產業	・視覺藝術產業 ・音樂及表演藝術產業 ・文化資產應用及展演設施產業 ・工藝產業

　　這麼一分，就相當乾淨清楚了，搞產業化的人關心（一）、（二）兩大類；搞文化工作的人關心的是（三）。了解彼此，互相幫忙就好，不要互相扯後腿。

　　本書所談的文創產業企劃，主要針對（一）、（二）兩大類，較少談及（三）。那是因為前兩類高度產業化，價值目標明確，常常有大量企劃的需求所致。但這並不意謂著我們輕忽藝文工作的重要性，相反的我們認為，「文化」是所有文創業的基礎。其博大精深，必須另行專著；或在其他課程中去學習。

文創企劃的特色

文創循環

文創產業的工作內容，都可以用「文創循環」來描述：

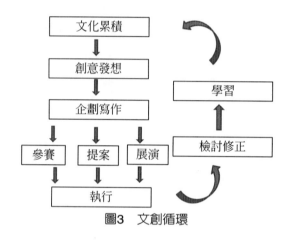

圖3　文創循環

首先，必須有相當程度的「文化累積」才能從事文創工作，俗人是幹不來的。如果你能「多才多藝」那當然最好；再不然，你必須至少有「一藝在身」——唱歌、跳舞、寫小說、畫圖、攝影、武術……什麼都行。如果不能深入技藝的文化底蘊，最起碼要摸到藝術的門道，寫出來的企劃才會像樣有料。

藝文工作需要或多或少的「天賦」（Talent）才能做得好。天賦是老天給的、娘胎裡帶來的，不見得每個人都有，因此只有相對少數的「藝術家」能夠從事。在文創業中，你不是藝術家，就是得和藝術家（導演、作家、畫家、設計師……）一起工作，沒有足夠的文化累積，很難勝任愉快。

下一個階段是「創意發想」。所謂「臺上一分鐘，臺下十年功」，相信

我，從來沒有不讀書能寫書、不看戲能寫戲、不看畫能畫畫的例子。如果真的有，他一定是在騙人。創意的本質，就是許多既有的元素重新組合。從心理學的角度看，創意來自於日積月累的生活經驗，在潛意識中發酵，才能在需要的時候發揮出來。

接下來是「企劃」階段，也就是把創意具體化為一份可執行的方案。在大多數的場合，那就是一份企劃書。（也有簡報、影片……等形式）

緊接著進行「提案」，通常是向徵求提案的單位，如客戶、業主、老闆、夥伴……進行報告，經過反覆的溝通與修正企劃後，才能進入「執行」階段。

文創企劃案的執行，不外乎「展示」（Exhibition）、「演出」（Performance）、「競賽」（Competition）等形式，這三類，可以合稱為Show。所有的案子都是要「見眾生」，拿出來Show在觀眾的面前才有意義。

執行告一個段落後，企劃團隊必須進行檢討與修正，藉成功累積信譽，從錯誤汲取經驗，然後重新開始文化累積，完成一個文創循環。

從事文創工作這麼多年，每日都是在這個文創循環中的某一個階段前進：有時是「序列式」（Serial）進行，走完了一個企劃案，才進行另一個企劃案；有時是「並列式」（Parallel）進行，一個案子還沒走完，就緊接著另一個案子進入循環。比如說這一本書創意發想，早在另一本文創專著《開心玩文創》（書泉出版）之前，但是一直都沒有具體進入企劃階段。在2013年，出版社和我都發現文創業更需要說故事與編劇的能力訓練課程，有更迫切的需要，所以很快地利用半年左右的時間，把《故事與劇本寫作》（五南出版）的循環走完了。然後，從上面兩本的執行經驗中，我們累積足夠的知識和資源，才具體企劃出本書，進入執行寫作。而在這當下，和另一個出版社，又開始了下一本書的企劃工作了。

要進這一行之前，先得要有心理準備才行啊！

文創以故事爲核心

文創的基礎在於「文化」。根據維基百科的解釋，文化是指「人類活動的模式以及給予這些模式重要性的符號化結構……包括文字、語言、地域、音樂、文學、繪畫、雕塑、戲劇、電影等。大致上可以用一個民族的生活形式來指稱它的文化……廣義上的文化指所有人類的活動，都可以叫作文化。」

文化是群體性的，是一群人所共有的價值觀、生活方式和對社群的認同感等。華德‧迪士尼說道：「自人類起源以來，說寓言故事的人帶給我們的就不只是娛樂，而且還傳達了一種智慧、幽默和對世界的理解，就像所有真正的藝術一樣，其本質歷久而不衰。」[5] 個人必朽，文化不朽，文化可以超越個人有限的生命而存在，卻不可避免得透過個人來傳承。從人類文明的起源開始，文化傳承的主要手段就是「說故事」；而形式則很多元，首先有了原始部落篝火前的戲劇舞蹈，再來有了洞穴中的壁畫，再來產生了語言敘說的故事，再來有了文字傳述……一直演變到了今天，電影、電視、小說、遊戲……什麼都有，豐富而多元。

故事就是人類群體生活經驗的總和，也是文化的具體表現形式。也因此，文創勢必以故事為價值核心；文創工作則以說故事為核心活動。說故事的能力，就是從事文創工作的基本能力。文創企劃與一般商業企劃最大的差別，在於能不能說好一個故事。

文創產業的價值核心是「故事文本」，然後經過有層次的內容加值過程，由內而外，形成了各級次產業。內層是戲劇類型的內容，包括電影、電視、動漫畫……純內容產品；然後是與實體產品結合的混合型產品與服務，如：工藝與各類設計服務；最外層才擴大到廣告、觀光、食衣住行創意生活

5　《迪士尼的劇本魔法》，p.33。

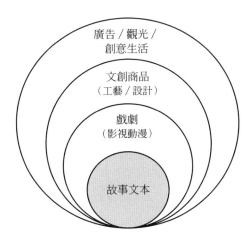

故事核心

廣告／觀光／
創意生活

文創商品
（工藝／設計）

戲劇
（影視動漫）

故事文本

圖4　文創以故事為核心[6]

等相關其他產業。

　　這就是文化創意產業OSMU（One Source, Multi-Use）的概念，故事作為核心價值，然後變形、轉化成多種用途，如電影、電視、動漫畫……內容；又成為更外層各種商品或服務價值來源，產生更多的用途。

　　反過來看，當你看到任何一種文創商品或服務，都可以將它的價值概念抽絲剝繭、層層剝開，最核心都會看到一個故事。比如說聞名世界的宮崎駿美術館，已經成為到日本旅遊必訪的觀光勝地。你走進館內一瞧，有各式各樣的展品，如繪畫原稿、裝置藝術等，商店內販賣的文創商品如卡通公仔、生活文具也都令人愛不釋手，當然也就價值不斐；這一切都是來自於宮崎駿

6　《故事與劇本寫作》，p.37。

先生膾炙人口的動畫作品《龍貓》、《風之谷》、《魔法少女》……；再細究其根源，都是一個單純的故事。

　　早期文創業剛開始發展時，總是認為文化創意與美學價值是種「附加」價值：在實體商品或無形服務上面，以文化創意增益附加價值。這是「生產導向」製造業的思維，也就是「舊文創」的思考方式。[7]

　　於是在經營實務與教學上產生了「本末倒置」的現象：常常是東西賣不動了，才想到要回來為它編織故事；學生們面對著一項舊文物，才翻找它的老故事；老房子要拆掉了，才拼命抗爭守護，叫他們講出個道理，卻講不出個所以然。

　　「新文創」的經營概念要從故事出發：故事是核心，也是火車頭；基於故事，就可以發展各式內容；然後是各類設計商品；然後才有創意化的生活。

　　從心理學來看，理性在大腦的意識層面作用，而感性卻在腦的潛意識層面作用。因此，人總是**以理性做分析，以感性做決策**。拿你日常生活到大賣場買東西作比喻：買東西前，你總是會挑三揀四、多方比價，這就是你的理性在作用。然而，決定把哪樣商品放進購物籃的瞬間，你所考慮的卻總是這樣商品的外觀是否可愛漂亮？看得順不順眼？喜不喜歡？這些因素罷了，這就是感性在作用──這是學文創所必須了解的第一法則。

　　邏輯性的論述（說道理）只能影響你的理性，故事卻能直接深入你的感性。故事的感動力比邏輯論述強大得多，要多用故事來表達企劃概念，永遠要記得：**說故事，不說教**。

7　請參考《美學經濟密碼》（商周出版）。

雜色團隊

文創產業是從1990年代開始，這一、二十年才定義出來的「新」產業。其橫跨傳播媒體、管理行銷、藝術文化、社會人文……甚至是工程技術等傳統的學術領域，至今，仍然維持在各領域「一個文創，各自解釋」的狀態。因此，硬要說文創企劃要從哪一個專業領域開始學習，還真的是非常困難。

唯一可以確定的是，幾乎所有的文創企劃，都有「跨領域」的特質。

沒有人是全能、無所不能的，這也意味著文創企劃工作，通常需要跨領域專長的團隊整合。也就是所謂的「雜色團隊」（Motley Crew）。[8]

管理雜色團隊最重要的是「存異求同」——要互相容忍異見，才能保持創意來源的多元化；又要能尋求共識，建立共同的目標——才能做出好企劃。

創新導向

由於「網路效應」和「長尾效應」[9]的緣故，在文創產業中，往往會有「大者恆大」的現象。也就是說，第一個進入市場的商品，往往會取得市占率的優勢，然後逐漸吃掉（幾乎）全部的市場，不留給競爭者一點機會，形成一種「自然獨占」的狀態。

因此，文創商品和服務企劃最重要的是「創新」，絕對不要做和別人一樣的玩意。要嘛就第一個進入市場，當第一名；絕不要抄襲模仿，因為第二名和第兩萬名是一樣的，沒有意義。

要記住，**新不一定好，不新一定不好**。

8　《文化創意產業（上）：以契約達成藝術與商業的媒合》，p.14。
9　請參考《開心玩文創》（書泉出版）。

行銷導向

資訊技術的發達，使人類要取得資訊比歷史上任何時間點還要容易得太多，資訊的生產量也比歷史上的總和還要多。不可避免的，這將帶來「資訊超載」（Information Overload）的問題，沒有人能有足夠的精力、足夠的時間去處理所有的資訊。

這也意味著，想要把資訊傳達給你所針對的目標客戶，要比以前要難上很多很多。我們常說這年頭，**做東西很容易，賣東西很困難**。生產相對容易，行銷非常困難。

文創企劃也通常採取「行銷導向」（Market-oriented）的作法：先想好如何把商品賣給客戶，再反推回來，思考如何組織經營團隊，如何管理生產……等。更嚴格一點說，文創企劃「必須」行銷導向，總是為了行銷而做。

「逆向展開」的技術在這也派上用場，做企劃的時候，應該從最終商品或服務會如何呈現的「畫面」倒推回來，再去思考怎麼樣製作。

比如說，你想製作一款創新的文創商品，你要從最後的發表記者會上，漂亮Show girl如何拿著它展示的畫面開始，她的服裝、造型會像怎樣？展示會場的布置會像怎樣？記者會問些什麼問題？你要如何回答，才能讓人眼睛一亮……從這裡入手，你就會知道商品應該具有哪些功能和特徵，如何滿足消費者的需求。

社群至上

也由於行銷是如此的困難，文創企劃必須有「社群至上」的概念。

要爭取一個新客戶的成本比以往高太多了，所以我們應該換個方式思考，要以照顧既有的舊客戶為優先考量。他們已經用過你的產品和服務，你不需要多費功夫去介紹，而是要以售後服務的方式提升他們的滿足感，進而

提升產品的價值。

　　從事文創業尤其是如此，文創商品訴諸人的「感性」，產品的價值不全來自產品本身，常常來自於與你使用過相同商品的人所給的評價。人是社會性的動物，有沒發現，在辦公室瘋團購的時候，別人說不好你就說不好，別人說很好你就說很好？

　　所以對商品企劃者來說，很重要的是好好培養你的消費社群，養出一群死忠的粉絲（Fans）。撥出足夠的行銷資源（錢、人、時間）給喜歡你產品的人，他們自然會訴說你的好處，口耳相傳，達到行銷的目標。

　　這也是個思考模式的逆轉：**要愛愛你的人，而不是你想愛的人。**

　　——賣東西給想要的人，而不是去勸不想買的人買東西。

　　——儘量多賣幾次給已經買過的人，從同一條牛身上剝兩層皮；而不是想殺一條新牛，再從牠身上剝皮。

習題

一、試選一故事文本為基底，並衍生出文創商品。

二、試選一企劃，並列出其目標客戶及如何使客戶提升購買意願？

三、企劃的思維模式常和創意工作者（藝術家）的思維模式產生衝突，請模擬這種狀況，寫作一個情境小短劇，告訴我們如何解決？

四、文創企劃的特色給你什麼啟示？你覺得有什麼面向尚未考慮到呢？

第2講　創意發想

> 想法是創作的根源。
>
> ——《藝術的思考》作家　Ernest Dimnet（1866-1954）

創意的方法

　　創意很難教出來，創意的來源，通常是將意想不到的事情連接起來——A+B不只等於「AB」，會變成「X」，甚至是「甲」，或者是「楚留香」。

　　「創意」和「方法」在本質上南轅北轍，需要的既不是對抗，也不是融合，而是一種「合而不融」的共存發展。

表1　「創意」與「方法」的比較

創意	方法
發散式思考	收斂式思考
隨機發生	因果關係
全面觀照	注重細節
質性	量化
跳躍	程序
並列式	序列式

　　要發展出有如SOP般的創意方法——期待只要照著做，就會有創意——事實上並不可能，也沒有必要性。我們只能就幾個公

認有效的創意促進手段，來做簡要的說明。在實務應用的場合，每一個企劃人都可以因地制宜，調整使用方法和執行步驟，以達到最好的效果。

蒐集素材

「從舊事物發出新構想。」[1] 所有的「新」創意都是由許多不同的「舊」元素重新排列組合而成，因此，蒐集素材變成了創意發想前所必要的例行性工作。

創意的素材多來自**實際生活的體驗**。日常生活的經驗會被不知不覺地壓印進入潛意識，「今日司空見慣的事物，有可能在明天變成黃金。」[2] 只要保持好奇心和敏銳的觀察力，自然就會累積許多創意素材。

偶爾要換個新環境，偶爾要改變日常生活的慣例，而且要即知即行，想到要做什麼就馬上去做，讓腦袋必須得去適應新情境，就能激發出新構想。

閱讀書籍、欣賞別人的作品、看電影、逛展覽、看戲，來一場不在規劃中的小旅行……，都可以為你的創意庫添加許多的素材。「盡可能吸收許多不同領域的知識，讓思考能夠多樣化、且具有彈性與獨創性、並刺激更多的聯想，以及讓你可以看出事物之間的關係。」[3]

「物競天擇，適者生存。」從演化論的角度看，生物必須藉由突變，才能夠適應環境，避免被天擇所淘汰。而突變的先決條件，就是保持基因的多樣性。創意也是一樣，如果不能保持素材來源的多樣性，又怎會有突變、產生新創意的可能性呢？因此，蒐集創意素材最忌諱「偏食」。

但是，「一個人所能看到的只是他原本就知道的東西。」[4] 既有的知識領

1　《創新者的思考》，p.111。
2　《自由書寫術》，p.215。
3　《激發創造力》，p.47。
4　《激發創造力》，p.42。

域決定了吸收知識的範圍，因此，保持一顆開放的心是必要的。有時，更要強迫自己去吸收原本不感興趣的東西。「我們的關注焦點決定了我們如何度過這一生。」[5] 就我個人而言，設定的目標是，每年要學會一樣新的嗜好，比如：玩模型、寫小說、彈吉他、釣蝦、釣魚……不可淺嚐即止，雖然不一定能做到頂尖，但也要比業餘入門新手要好一點。重點不在於成為某個領域的專家（當然如果能是更好），而是你總是會對技藝本身有了更深一層體認，看到你自己從未想像過的視野。

趨勢大師大前研一看電視和廣告訓練思考。他說日本「學校教育多著眼於記憶背誦，而沒有養成思考的能力。一旦記在腦海裡，就理所當然認定如此而不加以思考。因此，思考便就此打住。」[6] 他認為應該多鍛鍊自己問問題和追根究柢的能力，而他訓練的方式就是電車上的車廂廣告，搭電車時常會看到許多不同的車廂廣告，他會針對廣告內容思考若自己是這公司的主管，會對此內容寫出什麼樣的文案，強迫自己對不同的廣告作思考，活化自己的腦袋。他也在看電視時，思考廣告與節目內容，像是故事結局能如何改、代言人可以換成誰等問題，讓自己不只是呆呆的看著電視。

看網站也有類似的效果。有資深廣告主管告訴我，他規定新手每天都要看50個網站，並且寫下摘要。我問他，那麼多員工看那麼多網站，他怎麼知道誰偷懶呢？他笑笑回答，他每天只好把所有網站都看過！你想想看那是多麼大的資訊吸收量，難怪人家能在業界屹立不搖。

尤其是最近流行的Facebook之類的社群網站，對企劃人來說，真是上帝的福音和魔鬼的誘惑，一體兩面。對「少數」善於利用的人來說，它是上帝的福音。因為，擁有一千個朋友就相當於擁有一千個編輯，幫你從雜亂無章的世界中篩檢出有意義的資訊；但對「大多數」不善於利用的人來說，你只

5　《自由書寫術》，p.182。
6　《創新者的思考》，p.39。

是花費大量的時間在看別人吃喝玩樂的無聊資訊，到頭來一無所得。因此，我會建議大家：慎選好友，適當運用「隱藏」的功能，約束自己每天「斷網」的固定時間，讓頭腦冷靜下來，好好思考反芻到底吃下去了什麼有用的資訊。

我要學香菸外盒加上警語：沉迷上網對健康有害，它是一種類似毒品上癮的壞習慣，不僅浪費時間，還會使你腦殘。「並非所有的習慣都是不好的，但是不用腦筋這種習慣性行為，卻是聰明才智最大的敵人。」[7]

如果只能選一種吸收資訊的方法的話，我會毫不猶豫地推薦「閱讀」，尤其是閱讀紙本文字書。第一個理由：閱讀文字和收視影像時，大腦吸收資訊的機制完全不同。文字需要經過符號的轉化和邏輯理解才能消化，「閱讀可以激發創意，因為你的頭腦充斥著想法，你的想像力過濾它們，準備找出某個有用的東西。」[8]效果通常好很多。第二個理由，因為閱讀紙本書可以採取主動，你可以「將書本內容變成專屬於自己的東西：畫底線、折角、提問、爭辯或同意論點，在空白處寫下心得筆記。」[9]

「閱讀」如果能配合「書寫」，效果通常可以倍增。因為書寫所用到的大腦部位和閱讀是一樣的，可以彼此活化。「書寫的動作本身就可以激發靈感。因此，當你想不出東西可寫時，動手寫就對了。」[10]

---

7 《組織創造力》，p.60。
8 《創意是一種習慣》，p.122。
9 《自由書寫術》，p.176。
10 《自由書寫術》，p.3。

塑造潛意識能運作的環境

「每個人都有靠創造力工作的天分，只是大多數的人都察覺不出來而已。」[11] 關於大腦與創造力的關係，坊間有個說法「冰山理論」：我們只用到大腦的10%，而其他90%則埋藏於深層的潛意識之中，未經過開發。

雖然未經證實，但我們的確可以在日常生活中觀察到潛意識運作的痕跡。比如說：你早上剛起床，頭腦昏昏沉沉，卻能「自動完成」刷牙、洗臉、上廁所、吃早餐……工作，完全不需要費心思考。比如說開車的時候，踩油門、聽收音機、打方向燈、看照後鏡……工作也都幾乎是自動完成……這些就是大腦中「意識」讓位給「潛意識」主宰行為的良好例證。

意識主宰了邏輯性的思考，是收斂式、規律、慣性的思考模式，並沒有創意存在的空間。因此，若要激發創意，就必須讓潛意識來做主。

然而，潛意識之所以是「潛」意識，就是因為它潛在意識層面底下，不受控制嘛！絕對不是你能呼之即來，揮之即去，要什麼時候工作就什麼時候工作的角色。我們只能等待創意自動發生。「有創意的點子就像長在樹梢上的果實一樣，當它成熟時，就會突然毫無預期地掉下來。但在達到這樣的程度以前，還得先花費一些力氣才行。」[12]

我們必須要先營造能讓潛意識自由工作的情境，創意的果子才會掉下來。第一個常見的作法，就是避免「混亂的情境」。

混亂的情境會分散掉大腦（尤其是潛意識）的注意力，每天找一個時間，讓自己獨處。最好不要是昏昏欲睡的時刻，不要是剛吃飽飯的時刻；最好是早睡早起的清晨。或者是在書房裡、或者是在地下室、花園的角落……都沒關係，把書桌整理乾淨、書架上的書排好，乖乖的坐在電腦前面（記得

---

11 《激發創造力》，p.18。
12 《激發創造力》，p.31。

斷網）；環境要安靜，或者放些不容易讓你分心的音樂。《易經》說：「寂然不動，感而遂通天下之故。」安靜真的很有效。

記錄思緒

接下來，拿出紙和筆，或者打開電腦（還是記得要斷網），寫什麼都沒關係，寫就是了。「當一個人坐在書桌前面擠破頭就是想不出任何點子的時候，很令人訝異的是，此刻他的腦子裡會冒出一堆什麼都有可能的怪念頭。」[13] 或者你也可以用畫圖的方式激發創造力。「假如你在書寫時提出了一個令自己非常興奮的問題，那麼就跟隨它走吧！就像獵犬追著兔子跑一樣。」[14]

當你常做，做順了以後，你常常可以發現，一個點子會帶出另一個點子，像小河流水，綿延不絕；在某一些特別的日子裡，會像瀑布一樣，一發不可收拾。這時候要記得，千萬不要停下來，更不要批評任何一個點子。**批評是創意的第一殺手**。你一批評自己，後面就沒了，再也想不出來了。「當你放下戒心，寫出一堆垃圾時，最有創意的點子往往藏身在這堆垃圾中。」[15]

有人會問，我寫字、打字很慢，用錄音的可以嗎？我的建議是：除非當下情境不許可，比如開車、工作，否則最好不要用錄音的。還是用寫的比較好。

為什麼呢？因為記得嗎？文字必須經過大腦吸收才能轉化寫出來，你在寫的當下，潛意識已經開始篩檢整理資訊。「運用這個方法可以讓你更順利、更快速的完成書寫，同時也讓你的書寫內容更加真實。這是因為你所

---

13 《激發創造力》，p.19。
14 《自由書寫術》，p.173。
15 《自由書寫術》，p.43。

使用的片段是你先前思考處理過的東西，不是你缺少靈感而勉強寫出來的東西。」[16] 而用說的，你常常「口不擇言」，無效的資訊也比較多。更重要的，文字記載可以記錄下你思考的路徑：從哪裡開始？經過哪裡？最後來到哪裡？「創意不是目的地，而是旅行的過程。」[17] 有時候這條路徑比終點還要更重要，就像每一次出門旅行，很久以後你回頭看，常常是還沒到目的地前的旅程比較有趣。而且，你下次再去，可以找一條截然不同的路徑。「恐懼是壓抑新意最主要的因素。」[18] 永遠不要害怕嘗試新的事物，也不要抗拒嘗試新的思考路徑。

最惱人的狀況是，你明明做好所有的準備，要開始創意發想了。結果，坐了半天，真的什麼想法都沒有，沒有就是沒有。別氣餒，就像便祕一樣，這會發生在所有人身上，包括我在內。

怎麼辦才好呢？去做一些「不需要動腦筋」的事，比如洗衣、洗碗、澆花、跑步、游泳……讓你的意識再放鬆一下，也讓你的潛意識活動活動，通常會有不錯的效果。就像便祕的時候，媽媽不是都叫你多吃水果多運動嗎？

千萬不要做一些「需要動腦筋」的事，比如說看書、開車、解字謎……這些效果適得其反。所以，我不建議沒創意的時候拿書起來看，千萬不要。

變換思考方向

記錄思緒的工作練習久了以後，它就會成為習慣，被壓印到潛意識中自動執行。你就可以開始為創意擬出一個大致的噴發方向。甚至「有時候，我們的腦中會冒出不請自來的想法，讓情況變得更加複雜。」[19]

---

16 《自由書寫術》，p.213。
17 《創意革命》，p.5。
18 《組織創造力》，p.57。
19 《自由書寫術》，p.95。

首先，創意一定是從反對現狀開始，先否定掉目前習以為常的方案，破除思考的障礙。比如說：早上起床，有沒有一定要先刷牙再洗臉？可不可以反過來？兩隻襪子有沒有一定要同一個顏色？上班是不是一定要打卡？老房子有沒有一定要保存？看電影一定要花錢嗎？「為了讓頭腦運轉，類似這樣破除思考障礙的訓練一定要多多練習。最好的方法，是不管大家怎麼嫌棄，也要養成追根究柢、不斷提出質疑的習慣。」[20]

　　其次，思考要「離開安全區域」，脫離安全的想法。「在尋找正確的解決方式時，常常先往錯誤的方向去想，然後再以相反的方式來進行，會得出不錯的結果。」[21] 比如說：想解決塞車的問題，可不可以故意鼓勵大家買更多車？想要請大家愛護文化資產，可不可以先把一些古蹟拆了？想推廣著作權保護的觀念，可不可以多提供免費的電影？往錯的方向去想，再想辦法救回來。要記住，先別否定自己，沒有什麼想法是不恰當的。「有時候，你的禁地往往會是第一個受到新構想挑戰的地方。」[22]

　　在創意發想的過程中，**錯誤並不是壞事**。退一萬步想，你只是在發想階段而已嘛，又不是真的去幹了壞事，有什麼好擔心？即使真的想法犯了錯，下次改進就是了。最差最差的狀況，就是被老闆或客戶罵一頓，那也不痛不癢啊！甚至有的專家認為發怒也是一種刺激創意的方法。「怒氣能促進你的腎上腺素分泌，如果你老在原地踏步，毫無進展，腎上腺素的活動能助你一臂之力。」[23]

---

20 《創新者的思考》，p.52。
21 《激發創造力》，p.70。
22 《組織創造力》，p.261。
23 《創意是一種習慣》，p.130。

【創意工具】六頂思考帽

「假如你能將自己從原本認定的刻板情境中釋放出來，採取不同的觀點，你一定可以找到出路。」[24] 創意圈裡流行一個「六頂思考帽」的構想方法，提供各位參考：假想自己擁有六頂不同顏色的帽子，最好也可以真的去找六頂不同顏色的帽子，戴上其中一頂，變換思考的方向。

本方法也可以用在創意會議上，每個人分配一頂帽子，任務如下：

- 白色的帽代表「實情」。戴白帽時，你要蒐集資訊，並做一番整理。
- 紅色的帽子代表「情緒」。戴著這頂有著和火一樣紅的帽子，你要說出令人熱血沸騰的東西。
- 黑色的帽子是要「回歸現實」。戴黑帽，你要說出心中遲疑的想法，並提出批評。
- 黃色的帽子代表「耀眼的光芒」。戴黃帽，你要說出為什麼值得做?
- 綠色的帽子代表「豐碩的成長」，要試著不斷地提出新的想法。
- 戴藍帽，可以飄移在各個角色之間，適時干預以引導整個討論。[25]

請注意，帽子的數量並不是重點，那只是幫助變換思考的工具和象徵物罷了。你可以準備三頂就好，也可以準備超過六頂。等到方法應用熟練，不用帽子也可以。

---

24 《自由書寫術》，p.117。
25 《激發創造力》，p.71。

企劃會議

「三個臭皮匠，勝過一個諸葛亮。」有許多大型的企劃，是單獨一個人所無法完成的，因此視情況組織企劃團隊，變成了必要的工作。然而，也有俗話說，「三個和尚沒水喝」，這也點出了一個事實：人多不一定好辦事。

在企劃課堂上，編組人數通常是四至五人。依照以往歷年的授課經驗，少於三人的團隊分工負擔太大；多於六人的團隊，則總有一些人混吃等死不做事，導致團隊氣氛很差，工作成效也很差。在業界實務上，企劃團隊的編組人數則不一定，要看企劃案的規模與複雜程度而定。以電影製作為例，有一個人可以搞定的微電影；也有上百人的企劃團隊組織（不含製作）。若就臺灣的現狀而言，文創產業大多是中小企業，案子的規模也都不大，企劃團隊的人數就和課堂上差不多。

企劃團隊最主要的運作方式，就是透過企劃會議。必須秉持以下原則：

一、**能不開會就不開會**。很諷刺的，開會的效率永遠低於獨裁。只有必須協調溝通的工作項目才開會決定，否則各做各的吧！

二、人多嘴雜，**最好不要多於七人**。如果人數過多，要進一步分成更小的小組開會，再統合其決議。

三、**主持人要懂得開會**。主持人通常就是企劃案的負責人，或者是企劃團隊的主管。他要有足夠的能力來主持企劃會議。這些能力包括：控制會議程序、阻止／促進發言、決議的能力。「唯有在接受創意這個觀念，以及發展有利創意產生的環境過程中，才能產生更好的生產力與更滿意的工作表現。」[26]

四、開會的目的是溝通。溝通要成功，每個人都要「**先聽再說**」。

---

26 《組織創造力》，p.9。

五、創意發想階段，**不可以批評別人的想法**。主持人可以採取「記點」的作法，犯滿離場，踢出企劃會議。「當團體偶爾提出一些怪意或完全不正確的構想時，要能夠加以忍受……接受奇怪的點子。它們的新意可能可以為你所思索的問題帶來創意的靈感。」[27]

六、**慢一點評估構想**。當你覺得創意發散得太過分，必須收斂的時候，再聽三個想法。因為「每當你要做評估時，便會停止右腦的活動與外張性思考的活動……評估固然是必要的，卻不適宜在構想尚未成熟時進行。」[28]

七、**對事不對人**。人是感性的動物，我們每個人都有可能會對他人有情感偏見，容易以人廢言；或者只用喜歡的人的意見，因而形成「小圈圈決策」。要克制這種傾向，唯一方法就是對事不對人。

八、**站著開會**。專門對付冗長失焦的會議，百試不爽。

【創意工具】腦力激盪法

企劃團隊要激發創意，最常用的是「腦力激盪法」（Brain Storming）。維基百科有完整的說明及使用方法，請連結 http://zh.wikipedia.org/wiki/腦力激盪法，在此簡述進行程序。

首先，要推選出主持人，通常是企劃團隊的領導人。他的任務是維持會議進行的流暢，必須有相當的主持功力。腦力激盪的最高要求是「流暢」，讓未經意識篩檢的創意自由奔放，因此，主持人最好把節奏加快，不要讓激盪停下來。

會議開始，主持人可以把今日發想的「主題」寫在所有人都能看到的地

---

27 《組織創造力》，p.42。
28 《組織創造力》，p.43。

方，比如說牆上張貼大型海報紙或黑板。（數位螢幕反而不是很方便）

主題訂定應該要「問題導向」、「任務導向」，明確寫出本次會議所欲解決的問題或完成的任務，6W2H儘量明確，不宜是漫無邊際的題目。例如：「如何改造本村環境，賦予藝文氣息？」、「於七天內推出文創商品。」

接著，主持人讓與會人員自由發想，然後一一把想法「快速」記錄下來。這個階段的創意一定是不完整的，要快、要流暢。因此，黑板上可以只記關鍵字，大家心領神會就可以。

不要自我設限、禁止批評。所有的想法都應該被容許保留，不要容許任何成員批評別人的想法。不管別人提出的主張行不行，如何天馬行空、不著邊際，我們全都要拍拍手，直接寫下來或用便利貼記下來貼在黑板上。

等到想法累積到一定的數量，主持人再適時停止。就我的經驗，一開始大家通常會比較遲疑，尤其是腦力激盪的新手；等漸漸熱絡了起來，主持人連記錄都會來不及。在半小時內累積三、五十個想法很常見。

下一個階段，主持人再請所有的成員都設法延伸、擴充別人的想法。同樣禁止批評。如此黑板上必定會充滿許多從來沒有想到、新奇的想法。然後，帶著所有成員去休息一會，玩玩電動玩具、吃大餐也好，再一起回來檢討剛才列出來的主意。

創意工作者最常見的問題通常不是遺漏了某些好主意，好主意我們多得是。最常見的是「過度開發」想法：產品、服務、流程、商業模式中充滿了不需要的、不實用的、或太花錢的特色。要記住，當今的時代「少就是多」（less is more），只要專注在主要特色即可，把不必要的細節全刪除了吧！[29]

我們要以課堂上的實際案例示範一個企劃團隊使用腦力激盪法的過程。
（會議開始）

---

29 《開心玩文創》，p.81。

主持人：今天我們要發想的主題是「如何改造本村環境，賦予藝文氣
　　　　息？」（在黑板寫下）

A：彩繪入口牆壁！

主持人：（記下「彩繪牆壁」在黑板上）很好，還有呢？

B：馬路也可以畫。

主持人：（記下「彩繪馬路」在黑板上）很好，再來！

C：鼓勵村民閱讀。

主持人：（記下「閱讀」在黑板上）很好，再來！

D：鼓勵閱讀老梗了，沒什麼效果。

主持人：不要批評別人的創意喔！D君，你有什麼想法？

D：對不起……聽老人說故事，做成繪本！

主持人：（記下「繪本」在黑板上）很棒，來！

……

（不斷重複，直到蒐集三十個想法。）

【創意工具】心智圖

　　「心智圖」（Mind Map）使用的範圍相當廣泛，如學術筆記、腦力激
盪、解決問題、控制管理上皆有人使用。維基百科有完整的說明及使用方法，
請連結 http://zh.wikipedia.org/wiki/心智圖，上面也有繪製得很漂亮的範例。

　　心智圖可以搭配腦力激盪使用——進行程序很類似，主要用來繪製想
法和想法間的連結。從中心的主題，放射出去，用實線或虛線將構想連結起
來，所以心智圖通常看起來會像一張蜘蛛網。

　　但據我的經驗，其實不必然要這樣畫，用各種可愛的圖示、漫畫式的圖
解、摻雜腦力激盪中的隻字片語，都可以做成很棒的心智圖。

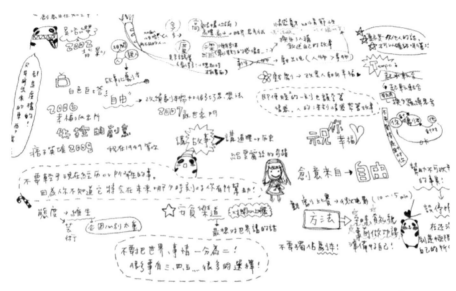

圖5　心智圖範例「創意正在失控中」（by黃垉芳）

　　心智圖的好處是：讓與會人士可以一眼看出想法間的關聯，幫助腦力激盪時「聚焦」。而且，視覺化的表達更接近潛意識的運作方式，容易得到更多的創意。

　　心智圖也可以用軟體繪製，如開放源碼的Xmind（https://www.xmind.net），手繪能力較差的同學可以考慮使用。但是，通常繪製的速度比手繪慢多了，也容易打斷腦力激盪的進行。

　　最後要記住，「畫這張圖的目的是為了要釐清觀念。假如它無法達成這個目的，那就把它簡化，或是乾脆丟掉。假如這個模式會讓你卡住，就表示它不是一個好的模式。」[30] 說到底，創意不須遵循任何既定的規則。

---

30 《自由書寫術》，p.92。

 習題

一、找出一生活上不便之處，組織一場「腦力激盪」會議，想出三十種解決
　　方式。

二、續上，繪製「心智圖」。

三、找一參加過的活動並以「六頂思考帽」討論如何改善活動品質。

第3講 企劃寫作

如果你無法簡單明瞭地解釋一件事情，就代表你對它的了解還不夠透澈。

—— 愛因斯坦

6W2H

企劃寫作的本質，是將創意構想以「書面」（紙本／電子檔／網頁／投影片等）作為媒介表達出來；形式以文字為主，圖片為輔；最終成果稱之為「企劃書」。

什麼樣才是「好」的企劃書？我認為要求只有一項：**具體簡明**。

「具體」是指企劃書要有確實的數據、符合邏輯的論述與估計、明確的執行步驟與程序、可衡量的績效指標。現在大家動不動說創意、創新，其實創新和創意是不同的。嚴格來說，「創意，也就是創造力，則用在教育界，不一定要執行……創意要經過商品化、商業化才能成為創新，所以人文學界在和企業談創新、創意時，往往有個gap（鴻溝）。施振榮曾說，東西不能賣錢，就不算創意。但教育界認為，學生有一個好的idea（想法），就很好了。」[1] 企劃書切忌含糊籠統，徒具形式。除非這個案子已經內定非你莫屬，否則千萬不要這樣做。

---

[1] 《學術交流基金會執行長吳靜吉：創意不能「一夜情」》，http://www.gvm.com.tw/Boardcontent_11903_1.html，檢閱日期20140730。

其次是「簡單明瞭」。企劃寫作不是文學寫作，切忌艱澀隱晦。便於讀者了解吸收的企劃書，就是最好的企劃書。

為了達成以上目標，企劃寫作最起碼要將構想的「5W1H」（人事時地物）表現出來，也就是What（目標）、Why（緣由）、Who（人）、When（時）、Where（地）、How（事）。然而，就文化創意產業企劃實務而言，5W1H是不夠的，最少還要加上How Much（預算）與Wow！（亮點）這兩項才行。

What?

What是指企劃的主題與目標，必須能讓人一眼便知道這份企劃內容是什麼，「命名也是種創作，縱使再怎麼普通的名稱，都能使你喚起潛意識中和某些事物的連結。」[2] 具有創意或使人朗朗上口的標題能令人眼睛一亮，也更容易引起興趣與想翻閱的動機。能讓人一眼就明瞭又好記的名字當然最好，但若作不到，也可以再加副標題。標題最好不要超過一行，最多兩行。句子要短，能押韻就要押韻。

企劃目標的敘述要清晰明瞭，也不宜超過一頁的篇幅。

Who?

Who是指企劃的參與人員。包含三方面：

一、企劃的執行人員或者是組織，如設計部、活動部……，並提供人員介紹與人數等資訊。

二、客戶：企劃是為誰而做？客戶的需求是啥？你要向誰提案？

三、市場資訊：企劃針對主要／次要的客群，像美妝公司的週年慶活

2　《故事與劇本寫作》，p.52。

動，針對的客群可能是25-45歲的女性。之後的內容也可以針對客群設想，這些人會喜歡什麼樣的行銷等。

Where?

企劃實施的明確地點：活動打算辦在哪？找出想要的地點和幾個預備的地點。

地點也有可能是虛擬的，在網路上實施，那就要提供明確的網址等資訊。

When?

企劃的具體時間與期程：什麼時候辦？辦多久？辦幾次？

企劃實施時間點可以直接以表格型態的日曆來標註，現在有許多現成的數位輔助工具，如「Google日曆」。

管理企劃工作期程最常用的工具是「甘特圖」，請參考http://zh.wikipedia.org/wiki/甘特圖，裡面有非常詳細的說明。

Why?

企劃的緣由：為什麼會想做這樣的企劃？引起動機的背景與理由。

一般而言，可以呈現具體的數據與圖表，用來分析現狀與問題。在文創產業中，也常常以「說故事」的型態來表現，引起客戶感同身受，提高提案接受的機率。

Wow!

企劃亮點：當今是注意力匱乏的時代，沒亮點的企劃，根本沒辦法引起目標對象的注意。請告訴客戶，本企劃和別人與眾不同的點是什麼？為什麼非做不可？

記住，Wow**少就是多**（less is more）。通常一個就夠，三個太多。

How?

企劃的執行方案，如何執行這個企劃？詳細的執行步驟和程序。

可以繪製「流程圖」（http://zh.wikipedia.org/wiki/流程圖）來說明，也可以分點詳述，如果能標示編號順序，那就更好了。

How much?

預算，越準確越好。但有時候，也容許有100%的誤差，花錢有個概念總比沒有好。如果真的沒有頭緒，可以參考以往類似企劃的預算規模，予以合理的估計。

通常都是以表列的方式呈現，也有現成的試算表軟體（如Excel、Google試算表）可以使用。

實務上，企劃書通常是「問答題」，甚至是「申論題」：有一個模糊的企劃目標，請企劃人員發揮創意，寫下具體簡明的企劃書。因此，初入門的企劃人員常有不知如何入手的困擾。要解決這個問題，祕訣在於**轉成「填充題」**來回答。

我們建議每次撰寫正式企劃前，可以先填這一個6W2H的「簡式企劃單」：

【範例】6W2H簡式企劃單

What? 企劃主題： Why? 緣由： Who? 參與人員： When? 時間： Where? 地點： How? 執行方案： How Much? 預算： Wow! 亮點：	

　　填寫的訣竅在於具體簡明，每個項目以一行為限，最多不要超過兩行。企劃單最好也只有一頁，不要超過兩頁。

　　以下就是以辦理本書的新書發表會為範例，示範填寫一頁企劃單。

What? 企劃主題	《文化創意產業企劃實務》新書發表會
Why? 緣由	增加本書媒體曝光度，促進書籍銷售量
Who? 參與人員	作者、編輯、業務人員×2
When? 時間	2018-12-25
Where? 地點	臺北市信義誠品
How? 執行方案	主持人開場–作者分享–Q&A聽眾互動–簽書活動
How much? 預算	NTD. 80,000
Wow! 亮點	超模站臺，作者簽名

完成了簡式企劃單，你就會對全案有個整體概念（whole picture），可以作為寫完整企劃書的指南。

客戶所要求的完整企劃書，篇幅遠超過簡式企劃書──三、五十頁，甚至數百頁的企劃書規模也很常見。某些場合實務上，雖然客戶沒這麼要求，但為了顯示企劃的認真程度，也會刻意把篇幅灌水（用很多的圖片、表單、附件……）。但不管是多大的篇幅，最核心都是6W2H。也就是簡式企劃書就能「具體而微」的含括一切了。

企劃執行是個動態修正過程。通常都會一面做一面改，逐漸修正當初的原始企劃。因此，一開始那幾百頁的完整企劃不見得比簡式企劃更具有意義。有些經驗老到的客戶或評審，其實只需要看6W2H簡式企劃，就能掌握企劃的全貌，其他都是多餘。

6W2H也可以用來理解「提案要求」（RFP, Request For Proposal），尤其是大型標案的RFP都很複雜，不知從何入手。這時，把簡式企劃單拿出來，讀RFP後摘要填進去，你應該就能輕鬆寫出完整的企劃。

再有些場合，RFP會規定完整企劃書的格式和項目要求，比如會要求你依主旨、動機、目的、方法、預期目標……項目去填寫。這時，6W2H也很好用，記得在每個項目上都具體寫出人事時地物就行了。

修辭與文法

再次強調，企劃寫作不是文學寫作，不講究意境、修辭等，具體簡明就是最好的寫作方式。（其實就我來看，最好的文學也是具體簡明，像海明威〔Ernest Hemingway〕一樣，像閃電一樣。不過這是題外話了，有興趣的讀者請參考《故事與劇本寫作》）。

因此，企劃寫作非常類似新聞寫作（海明威也是記者出身的喔），講究

讀者吸收資訊的效率，有幾個常見的準則，提供讀者參考：

倒三角形寫作

將最重要的寫在最前面；重要性越低，寫在越後面。

圖6　倒三角寫作

「人類的天性是指對少數的辛辣資訊有反應。」[3] 這作法簡單易懂，不看全文也知道內容，方便閱讀。但壞處是可能變成斷章取義，也可能讓讀者誤解企劃的執行順序和背景因素。

標題

儘量使用「簡單句：主詞＋動詞＋受詞」的句法就可以了。要記住，句子的骨幹是「動詞」，有動詞的句子遠比沒有動詞的句子，更容易引起讀者注意。舉例而言：「開心玩文創」遠比「文創產業應用實務」來得好；「文創產業<u>應用</u>實務」又比「文創產業案例」來得好。

3　《搜尋引擎沒告訴你的事》，p.22。

導言

在一段的開頭，常用導言（前言）的方式寫出內容重點6W2H。讓讀者自行判斷是否要繼續看下去。要注意，儘量以第三人稱客觀的角度撰寫，少加入個人意見。

呈現方式有幾種：

- 破題法：開門見山，直接在開頭點明事件的結果或重點。如：設計文創商品5項，可增加200%營收。
- 提問法：用問句作開頭。如：你知道今年最暢銷的書是哪本嗎？
- 引用法：開頭引用某知名人物的話。如：「文創專家施百俊說：『說故事，不說教。』」

簡白直接

「簡短而結構簡單的句子，令人印象深刻。」[4] 有些人的文章習慣使用華麗詞藻或是艱深的詞句，文謅謅——這不適合用在企劃寫作上。達文西說：「簡約是最高層次的複雜。」必須刪掉文句中可有可無的內容，甚至連修飾語和形容詞都要一併刪除。「越簡單，越有力！（Less is More Powerful.）」[5] 句子要短，標點要清楚，**試著畫重點**。

日常生活和簡報場合也是如此，若不斷說一些專業術語（Jagon），非專業的人士就很難聽懂，「說一大堆人們聽不懂的話，代價可能是害你丟掉工作，或者無法達成你能力所及的目標。」[6] 要記得，用口語表達到連一般人都能理解才是最厲害。

4　《賈伯斯抓住人心簡報力》，p.111。
5　《賈伯斯抓住人心簡報力》，p.58。
6　《大家來看賈伯斯》，p.157。

勿用過多的形容詞、副詞

一般的文句是由名詞與動詞所組成，以副詞和形容詞來修飾文句。修飾詞使用得當會讓你的內容感覺更優美、生動，然而若使用過多的修飾語，就只會干擾讀者的閱讀。

盡可能不要使用副詞，史蒂芬‧金：「副詞不是你的朋友。是拿來修飾動詞、形容詞、或是其他副詞的字，如同被動式，副詞似乎是為膽小作家所創造的。」[7]加油添醋放上過多的副詞和形容詞，容易使人看不清重點。

例如：

✕：膽大心細地玩文創就可以輕鬆賺大錢

○：玩文創賺大錢

✕：《文創產業企劃實務》真正是一本不可多得、絕無僅有的經典之作

○：《文創產業企劃實務》真是一本好書

贅詞贅字

贅詞贅字指的是沒有必要、意義重複的字詞。判斷的標準很簡單，你把那些字詞刪去了，句子意義完全相同。口語表達時常說：「其實」、「然後」、「老實說」；「……的樣子」、「……的動作」、「……的行為」、「……的個性」等都是贅詞贅字。

例如：

進行一個休息的動作

進行救援的動作

一個求救的動作

7　《史蒂芬‧金談寫作》P.143。

我上完課然後就回家了

其實我想出去玩

避免被動語態

被動語態會軟化句子，讓企劃顯得猶豫不決、拖泥帶水。史蒂芬‧金說過：「膽小的作家喜歡用被動式動詞，就像膽小的人喜歡被動的愛人是一樣的道理。」[8]

例如：

×：本電影企劃被國際大導演李安所讚許，評為……

○：國際大導演李安讚許本電影企劃，評為……

×：大師將本企劃應用在文創商品上，獲得了……

○：大師應用本企劃在文創商品上，獲得了……

錯別字

記得檢查錯別字。現在的文書處理軟體，如Word，都可以幫助你辨識錯別字。不過因為中文字詞的排列組合上複雜度相當高，所以大多數時候還是必須要用人工方法找。

很多人以為，忙中有錯嘛，企劃書那麼大本，幾個錯別字有什麼關係？

關係可大！錯別字暴露出你根本沒校稿，辦事粗心大意；也暴露出你根本不尊重客戶的心態，怎麼能把重要的企劃案交給你呢？

在「文創產業企劃實務」的課堂上，我們有一個規矩：無論是簡報或企劃書，只要發現一個錯別字（非艱澀、爭議字），就罰100元，交給班上的總

8　《史蒂芬‧金談寫作》P.141。

務股長，期末請全班吃Pizza。

條列式

儘量用條列的方式說明多項重點。如果有必要，就編訂順序。如：

×：文創產業可分為三大類：內容產業、設計產業、藝文工作

○：文創產業可分為下列三大類：

- 內容產業
- 設計產業
- 藝文工作

×：企劃的步驟是，先創意發想，再撰寫企劃書，最後才是提案執行。

○：企劃的步驟有三：

(1) 創意發想

(2) 撰寫企劃書

(3) 提案執行

WORD使用

樣式設定

製作一份資訊龐大的企劃書時，樣式是非常好用的工具——只要在Word的工具列中設定「樣式」，點擊就能調整文件段落間距、字體、字級、顏色等。比如說，當你突然想將內容的引文用粗體和畫底線做標記，而這份文件卻有四、五十處需要修改，若不使用樣式，你就得看遍整份文件，找出內容一個個修改。若使用樣式，只要直接編輯樣式設定就完成了。

方法：

1. 工具列【常用】→【樣式】→直接套用原有的樣式

2. 除了舊有樣式外，也可以直接在文字上編輯好你所需要的效果，按右鍵或是直接到工具列【常用】→【樣式】→【將選取樣式另存為新的快速樣式】即可建立你要的新樣式。

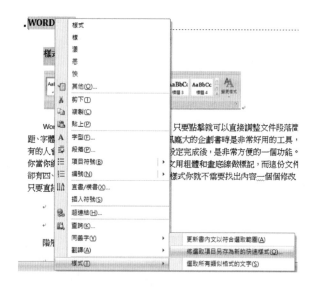

也可以按變更樣式右下角的 圖示，就可以在樣式列中看到自己目前設定的樣式，也能從中新增或修改。

月了樣式你就不需要找出內容一個個修改，

要的效果，按右鍵或是直接到工具列上，選
的快速樣式〕即可建立你要的新樣式。

樣式中可以選擇先前儲存的樣式，依照需要更改其他的小細節。

階層

階層和先前提到的樣式設定一樣，若是設定好了，對之後文件的更正會簡單很多，像是可以直接自動目錄更新，常見階層如：

第一章（階層一）

　　第一節（階層二）

　　第二節（階層二）

　　　　1-1（階層三）

　　　　1-2（階層三）

第二章（階層一）

……（略）

方法：

工具列【常用】→【多層次清單】→【定義新的多層次清單】→【定義新的清單樣式】

可以根據需求編輯階層的名稱、段落、數字的格式、樣式等。

編號

有些人習慣手動輸入編號，壞處在於，若你現在已經打了十個編號項目，你突然要在三跟四之間插入一個新的內容，後面的編號和內容就都必須一個個重新修改。若使用WORD內建的編號功能就能避免這麻煩。常見的編號方式如：

一、
　　（一）、
　　　1.
　　　2.
　　（二）、
二、

……（略）

方法：

工具列【常用】／滑鼠右鍵→【編號】→選取需要的編號樣式

或是自己定義新的編號方式

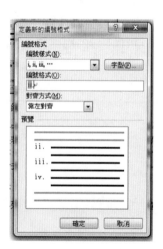

大綱

文件大綱可以使你的企劃綱舉目張，設定方法如下：

工具列【檢視】→文件檢視中的【大綱模式】

可以顯示文件的階層，也能在其中編輯。

自動儲存

大家一定都有工作到一半、電腦突然當機的經驗，可能是斷電、程式、系統不穩。若忘了隨時存檔，必須從頭來過，浪費許多精神。這時，Word自

動儲存的功能就能派上用場，方法：

工具列上方的【Microsoft Office】按鈕→【Word 選項】

選擇【儲存】

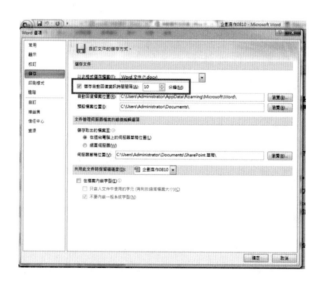

選擇【儲存自動回復資訊時間間隔＿＿＿分鐘】並輸入時間，若是資料流失時，即可依照自己所輸入的時間回復檔案。

辨識錯字

Word中有協助辨識錯字的功能，會在它認為有問題的字句出現波浪底線提醒使用者，不過並不是每次錯誤都會顯示，所以還是以人工方式多校對幾次比較安全。方法：

工具列上方的【Microsoft Office】按鈕→【Word選項】→【校訂】

選擇自己需要的功能開啟後即可。

以英文單字和句子為例，我們故意打出的錯誤詞和句子後，出現了紅波浪和綠波浪的底線。

✦ 辨識錯字

Apple

Appie

I loves you

He loves you

工具列【校閱】→【拼字及文法檢查】

可以看到Word提供的建議用詞，使用者可以自行選擇是否要更換建議用詞。

習題

一、假設你要策劃一場全國文化會議，請製作6W2H簡式企劃單。

二、在網路上找到《三國演義》的全文，用Word重新編排。

第4講 企劃資源

如果你不知道要往哪去，就會跑到別的地方去。
—— Yogi Berra　紐約洋基隊傳奇球星

案子在哪裡？

　　過去，我們常利用報章雜誌、出版書籍、論文……來蒐集
情報。費盡心思，找到的可能還不是自己想要的；但好處是可信
度較高。現在，網路資訊無遠弗屆，搜尋平臺也相當多，各種情
報都能輕易在上面找到，如Google、Yahoo、Bing等。除了文字
內容外，連圖片上傳都能找出相似來源。甚至，還有主動推播
（push）資訊的技術，「一上網，我們想發現的東西會自動送上
來。」[1]

　　甚至還有將被動搜尋和主動推播相結合的技術。如Google的
個人化搜尋，會揣摩客戶的偏好顯示不同的搜尋結果，依照過去
你所點擊的內容，兩個不同的人輸入相同關鍵字搜尋後，結果將
可能截然不同。「串聯和搜尋成了新途徑，讓你找到任何想找
的訊息，以及任何你要找的人。現在人人都可發言，也可被聽
到。」[2]

　　google前任資訊長梅瑞爾（Douglas C. Merrill）在《google時
代一定要會的整理術》一書中告訴讀者一些關鍵字的小技巧，善

1　《搜尋引擎沒告訴你的事》，p.135。
2　《google會怎麼做》，p.30。

用這些方法就能讓自己更精確得到想要的資訊。取得最相關的搜尋結果[3]：

- 描寫的越清楚越好。
- 再查詢詞組的前後加上英文引號。
- 添加形容詞。
- 排除你不想要的。
- 明確列出數字的範圍。
- 搜尋特定網站。
- 找尋特定檔案格式。

以下是在臺灣從事文創產業，所必須定期查詢的案源：

文化部

www.moc.gov.tw

和文化部相關的資訊都能在此找到，像是各文化產業的歷年報表、文化法規、相關藝文機構等。

首頁中可看到【補助／招標公告】。

---

3 《google時代一定要會的整理術》，pp.115-118。

進入後可看到採購、徵才、政策、法規、補助、統計、其他等公告。可依需求尋找案子。

影視及流行音樂產業資訊平臺

TAVIS.tw

影視和流行音樂的相關內容都會公告在此平臺中，像是相關協會動態、產業趨勢、比賽情報、相關獎項等消息都能在此找到。

進入首頁後可看到【情報交流】。

會公告影視相關的徵件活動和過去比賽的得獎名單。

文創咖啡廳媒合平臺

http://imatch.moc.gov.tw/

　　網頁上提供創意提案刊登與媒合的機會，平臺上可提案也能尋找他人合作，頁面上可以看到過去成功媒合的案例。

首頁點【創意提案導覽】。

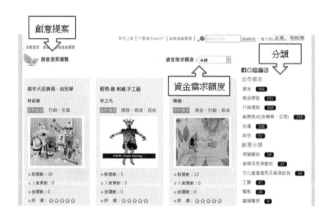

右欄可看到合作徵求與各個創意分類，可依需求選擇類別查看，左方的提案點入後可看到作品的故事、合作徵求等。

地方文化局／處

各地文化局／處都有自己專屬的網頁，提供民眾相關藝文資訊。

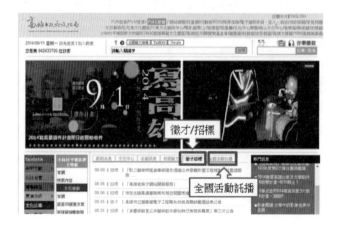

以高雄市政府文化局為例，進入首頁後即能看到【徵才／招標】訊息，像是高雄市的老屋開發、藝文工程等，還有【全國活動託播】，全國的相關活動訊息，如各地展覽徵件、比賽等都能在此看到。

教育部全球資訊網

www.edu.tw

教育部的相關訊息都能在此找到，如重要政策、教育相關資訊等。

點擊【活動訊息】會有不定期的比賽或徵件公告。

政府採購公告

www.pcc.gov.tw

公部門的招標訊息都會公告於此。

首頁點入【今日招標】可以看到今天開始的政府採購公告。

獎金獵人

https://bhuntr.com/

　　臺灣各種比賽的獎金佈告欄，設計、攝影、徵文、音樂等比賽都能在這找到。內容有主辦單位的徵件辦法、獎金、有興趣的人數等，每個比賽上都有個「追蹤」鈕，按下後即能追蹤有興趣的比賽，並提醒自己截止時間。

首頁點入【獎金佈告】可依照分類尋找適合的比賽。

企劃協力團隊

「企劃要能成功，不能欠缺人脈。」[4] 現在是一個講求分工合作的社會，除非你是一個百年少有的天才，能致人而不致於人。否則認識新的人脈，絕對對你的工作有幫助，創造更多的機會。

尤其是文創產業「不確定性」（Uncertainty）[5] 很高，專案完成前，誰也不知道最終會變成什麼樣子。因此，大多數的場合，**與其挑企劃案，不如挑執行的人**。案子都是互相口耳相傳，透過人脈介紹而來。空有滿腹才華，卻沒有人脈，在文創業可是非常難混呀！

4　《好企劃這樣寫就對了！》，p.32。
5　《開心玩文創》，p.17。

多數人都有「『七秒鐘症候群』（The Seven-Second Syndrome），在最初見面的短短七秒鐘內，決定對對方的觀感。」[6] 他們是否會與你合作，很可能會取決於初見面的這七秒內。因此，第一印象是很重要的。有人天生「高富帥」、「白富美」，在這方面當然會有優勢，但是，相貌平庸的我們，仍然可以在衣著、化妝、談吐、氣質……上面下功夫，建立別人良好的第一印象。這並不是說你一定得去買名牌服飾或花錢做打扮，我常會要求學生，**整齊清潔**最重要，早上起來要洗臉梳頭，不要穿拖鞋和皺巴巴的T-shirt睡衣出門，應該人人都能做到。更進一步，**腹有詩書氣自華**，多讀書多思考，談吐自然不凡，更有利於建立個人形象和人脈關係。「人際交往，正是映照出自己的鏡子。當你擁有擅長的事物或精通的領域，你和其他人溝通就會更加順利。」[7]

合作前就先要保持聯繫，提供自己所長協助別人，而非有利益時才去接觸，才不會讓人覺得你另有目的。社群網路也使拓展人脈更為容易，不再只有聚會才能認識新朋友了，如Facebook、LinkedIn等建立虛擬世界中的人脈，「連結讓人們可因興趣、工作、需求、市場或目標串連起來。」[8] 即使沒見過對方也可能得到合作機會，更可能透過朋友的朋友交到新的朋友。若能同時善用真實和虛擬世界的人脈，將使你的企劃工作更順遂。「由於一開始並不能預知一起組團者的能耐，每個工作細節都要格外注意，然後一群人在工作過程中慢慢培養默契，同時觀察對方的能力，研究是否有機會能夠讓對方加入夢幻團隊的名單。其中，最重要的一個條件便是『不要耽誤對方的進

---

6 《拓展人脈3法則，讓貴人渴望認識你》，https://www.managertoday.com.tw/articles/view/2455，檢閱日期20140812。

7 《別再勉強去社交了！充實自我，好人脈自然來》，https://www.managertoday.com.tw/articles/view/41899，檢閱日期20140811。

8 《google會怎麼做》，p.30。

度』，也因為始終為對方設想，便會更嚴格要求自己變得更強，這樣才有辦法組一個會一直成長、進步的夢幻團隊。」[9]

契約

因為文化創意產業雜色團隊的特質，各式各樣的合約便成為維繫協力團隊最主要的工具。現行實務上常產生一些糾紛，比如：設計師完成作品卻收不到錢、企劃案被客戶要求反覆修改、投資電影卻落得虧損連連……都是因為合約的關係。所以在專案開始進行前，訂定合約絕對有其必要性。

要記住：**口說無憑**，千萬不要因為客戶的一句話就去寫企劃。

【範例】合約

雙方當事人共同約定後之契約，若涉及金錢，最好以書面方式立定合約書，兩方同意後簽名蓋章互相留存，避免日後糾紛。在此提供影片合約作為範例，可以用在各種設計、著作的場合：

影片委託製作合約書

立合約人：

歡樂文創股份有限公司（以下簡稱甲方）

錢多多影像工作室（以下簡稱乙方）

9　《飛踢，醜哭，白鼻毛》，pp.37-38。

甲乙雙方茲就甲方委託乙方辦理企劃製作＿＿＿＿影片事宜
協議如下：

第一條　工作期限：乙方應於＿＿＿年＿＿月＿＿日前完成委託工作並交
　　　　付予甲方。

第二條　雙方工作內容
　　　　一、甲方需提供乙方拍攝影片之相關資料與個案，並協助取得
　　　　　　個案拍攝之同意。
　　　　二、乙方需提供影片拍攝大綱，並經甲方核可後製作。

第三條　乙方工作規格
　　　　影片長度：
　　　　製作完成時應交付甲方影片規格：總計＿＿＿分鐘之＿＿＿檔案

第四條　委託製作經費及付款方式
　　　　一、本案委託製作費共計新臺幣＿＿＿元整（含稅）。
　　　　二、付款方式：由甲方分兩期撥付乙方。
　　　　　　　第一期款：本合約簽訂後三日內給付總價之百分之五十。
　　　　　　　第二期款：影片完成並經甲方認可驗收後三日內，給付總
　　　　　　　　　　　　價之百分之五十。

第五條　企劃製作過程中，如有任何違反專利著作等智慧財產權相關法
　　　　規之情事，應由乙方負擔一切法律責任。

第六條　影片完成後應由甲乙方共同享有該影片之著作財產權。

第七條　契約修正與終止
　　　　一、本契約之變更、修正或未約定事項，應由雙方同意後以書
　　　　　　面為之。
　　　　二、因其他不可抗力之事由，終止委辦工作之一部分或全部
　　　　　　時，甲方應按照乙方已完成工作之分量，支付乙方相當金

額之報酬。

第八條　乙方應依約完成影片並交件，若因可歸責於乙方之事由，致未於期限內完成委辦工作，每逾一日工作天甲方應按已付金額之____扣違約金。

第九條　本合約正本一式兩份，甲乙雙方各執一份為憑。

立合約書人

甲　　　方：
地　　　址：
代　表　人：
統　一　編　號：
聯　絡　電　話：

乙　　　方：
地　　　址：
代　表　人：
身　分　證　字　號：
統　一　編　號：
聯　絡　電　話：

西元＿＿＿＿年＿＿＿＿月＿＿＿＿日

【範例】同意書

　　雙方當事人達成協議所簽署表示贊成某項意見的文件。在此提供一份雙方合作的同意書作為範例。

合作意向書

　　本人　開心文創股份有限公司（甲方）　同意應　新世代活動策劃股份有限公司（乙方）　之聘請，執行 決戰超新星 案，由甲方提供乙方　企劃案撰寫與執行顧問　。

　　本合作意向書僅為表達雙方之共同合作意願及相互了解之用，詳細及具體之合約書，由雙方另行簽訂之。

甲　　方：開心文創股份有限公司
代表人：李海森
地　　址：
統一編號：

乙　　方：新世代活動策劃股份有限公司
代表人：林居然
身分證字號：
地　　址：

中華民國＿＿＿＿年＿＿＿＿月＿＿＿＿日

【範例】授權書

「授權書是由當事人預備，及賦與一位他信任的人之一項權力。」[10] 像是出版物、買賣、個人財務等都可能用到。在此提供一份著作授權同意書的範例。

著作授權同意書

茲授權本人（組）作品：　TRICK OR TRIP企劃案

予 施百俊 老師於其著作　文化創意產業企劃實務　（書名暫訂，五南出版）中使用。

著作權人（授權人）：　楊婉穎　（簽名）

中華民國106年　8　月　8　日

---

10 智庫百科，http://wiki.mbalib.com/zh-tw/%E6%8E%88%E6%9D%83%E4%B9%A6，
　檢閱日期20140811。

 習題

一、假使你準備籌辦大型展覽並邀請知名設計團隊進駐，請擬定一份合約。

二、搜尋本講中提到的各個案源，找出三個以上的企劃徵件活動。

第5講　企劃工具

工欲善其事，必先利其器。

——孔子

創意發想過程中，除了資訊的蒐集、團隊間的討論外，點子也常伴隨著某些行動突然現身，像宋代歐陽修就有「三上」之說，他認為最容易讓人文思泉湧的時刻在於：「馬上、枕上、廁上」。想必不少人也有類似經驗，在剛睡醒、洗澡、休息、開車時，偶爾會出現稍縱即逝的靈感，若你沒有即時的記錄下這些靈感內容，它們就會迅速的離你而去。愛默生曾說：「靈感就像天空的小鳥，不知何時，牠會忽然飛來停在樹上；你稍不留意，牠又飛走了。」[1] 你必須隨時準備好把靈感記錄下來的工具，才能即時的抓住它。

蒐集企劃素材也是一樣，聽課、聽講座、閱讀書籍，忽然發現重點，若缺乏即時的記錄，過了一天也許你還記得，但過了一週、一個月、甚至一年後呢？除了記憶力超乎常人的天才之外，其他人還是乖乖的記錄下來比較保險。最好「凡事都記錄在企劃筆記上」[2]。

「一想到什麼，就當場記錄下來。即便當時不以為意，往後也可能發展成驚人的想法。」[3] 將每次的想法通通寫進筆記裡，

1　《企劃案》，p.183。
2　《從0開始做企劃》，p.48。
3　《這樣思考，人生就不一樣》，p.98。

經過時間的累積，將形成龐大的資料庫。若未來有類似的案子，還可以回頭再翻找你已經遺忘了的點子，重新吸收整理後創造出更好的內容。「大部分的點子或想法，都是從既存的事務中彼此激盪連結而產生的。」[4]

過去只能以紙筆作記錄，現在隨著科技的發達，我們有了更多的工具能做筆記，如便箋、記事本、Evernote等軟體工具，當靈感出現時，甚至可以直接哼一首歌錄音、拍一張照和朋友分享你的心情。

筆記

儘量使用手寫紀錄

「使用傳統的筆和紙來做筆記，大腦通常會在手寫下來之前，已經過資訊整理與分析，這會增進長期的理解效果（conceptual）。」[5]〈A Learning Secret: Don't Take Notes with a Laptop〉[6] 一文的研究中發現，用筆記型電腦記筆記將會降低人們的學習成效 ── 課堂上用紙筆做筆記的人比用電腦做筆記的人，對課堂內容更了解，也更能應用與結合這些知識。

因為手寫比打字慢，花費時間也長，使學生會將資訊經過大腦消化吸收後再一一記錄，而非全盤接收直接打下逐字稿。因此，手寫筆記者對內容的理解程度高於電腦記錄者。

另外，別用筆電還有一個重大理由：網路會讓你更容易分心。「在一項針對法學院學生的研究中發現，在課堂中有近90%的筆電使用者會有至少五

4　《這樣思考，人生就不一樣》，p.58。

5　《【荷馬學人集】電腦阻礙人腦》，http://goo.gl/WVzw20，檢閱日期20140707。

6　〈A Learning Secret: Don't Take Notes with a Laptop〉，http://goo.gl/NKhFCj，檢閱日期20140707。

分鐘的時間從事著無關課堂的網路活動。」[7] 使用網路搜尋固然方便，卻也容易被各種訊息所干擾，使做筆記的效率降低。

市面上有非常多關於如何寫筆記的書與資料，光是手寫的筆記方法林林總總就有超過十種的記錄方式（這些方法一樣能數位記錄，但手寫較快），如康乃爾筆記法、便利貼筆記法、關鍵字筆記法、心智圖筆記法、曼陀羅筆記法……，請自行以關鍵字到Google搜尋即可查到。不過「世上沒有一套整理系統是十全十美的。」[8] 找到最適合自己的方法才是最重要。

數位筆記

• Evernote（www.evernote.com）

登入後可直接線上使用，電腦與行動裝置都能使用的軟體。當你有「大量且雜亂無章的資料，以及想要跟他人分享的資訊，建議採用電子工具來儲存，紙張並不適合。這樣一來，你不但能用更多方式加以存取，也比較不會找不到。此外，這讓你的資料更容易分享，也更易搜尋。」[9] Evernote這套軟體可簡單建立筆記資料的線上平臺，除了基本文書功能外，在筆記中也能標籤內容、分類、附加圖檔、語音檔與建立待辦清單，還能共享給其他人。能隨時做筆記，所有的資訊都能輕鬆整合與搜尋，不用擔心找不到。附加功能也讓你的想法能快速傳達給其他人，將你抽象的概念附上示意圖。

此平臺最方便的地方在於只要你有一臺智慧型手機就能記錄，現代人幾乎手機不離身，內建功能更是一臺比一臺更方便：聊天懶得打字，就把語音轉成文字檔；聽講座懶得抄筆記，就直接拍下講者的PPT……，你只需要建

7　〈A Learning Secret: Don't Take Notes with a Laptop〉，http://goo.gl/NKhFCj，檢閱日期20140707。

8　《google時代一定要會的整理術》，p.284。

9　《google時代一定要會的整理術》，p.176。

立一個新筆記就能將資訊通通塞入，無論是手寫文字、圖片、音訊、word檔案……，要什麼，按下搜尋就能找到，不需要像紙本一樣東翻西找，自動雲端儲存也不需要害怕重要文件會消失，可以將筆記以簡報模式播放，省去開會做簡報的麻煩。

介面：

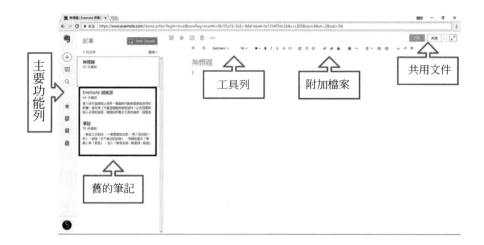

使用：

1. 可在帳戶中建立不同類別的記事本。

2. 在記事本中建立新的記事，除了一般記事外，還有手寫、語音、網路相機、螢幕截圖記事等，可依照需求選擇。

3. 在編輯畫面中放入你想要記錄的事即可，可以是上課內容、會議紀錄、旅行日誌……想放什麼就放什麼。

4. 內容可在手機、電腦同步，也可將檔案和人分享。

5. 網頁截取功能，若你使用的瀏覽器為google chrome，只要在擴充功能
中新增Evernote Web Clipper後，即可直接截取網頁內容，可選擇要截
取的是完整頁面或是單一文章，截取後系統將會自動放入筆記中。
截取網頁畫面：

- **One Note**（www.onenote.com）

　有網頁版供使用者直接登入使用，在各種行動裝置一樣能存取，讓你能隨時做筆記。OneNote真的就像是一本筆記本，管理方式像是一本書，你可以加入你需要的章節、頁面、子頁面進行管理，可以把資料任意放在頁面編輯區的任何位置，就像在隨意書寫筆記本一樣，內建工具列只要是Microsoft的使用者應該都不陌生，像是在word上能看到的表格、圖片等功能，在OneNote一樣都能找到，其他Office文件的內容也能直接放入，還能手寫、錄音，甚至加入第三方應用程式，如：Feedly、IFTTT等。

　當然一樣擁有同步至雲端功能，讓你在各個裝置中都能得到筆記，可透過連結或e-mail共用，也能多人同時編輯。最方便的功能為網頁截取功能，在google chrome瀏覽器中擴充OneNote Clipper後，只要按下截取按鈕，整個網頁就會直接被儲存至筆記中，還會直接幫你標示原網頁來源，自動記錄節省時間。

　網頁版介面：

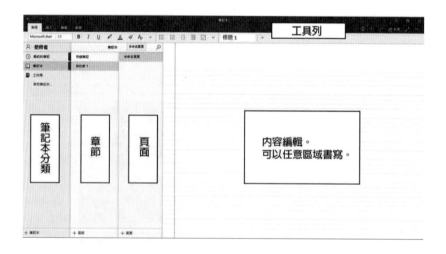

使用：

1. 登入後可建立多本筆記本。

2. 可依需求添加章節、頁面、子頁面，在編輯區中可在任意區域書寫需要的内容、加入圖片、表格等。

3. 筆記内容可在各平臺同步更新，也可和他人共享檔案内容。

4. 可透過OneNote Clipper截取網頁畫面，系統會自動儲存圖片，並在筆記本中顯示網頁名稱與標示出處。

截取網頁畫面：

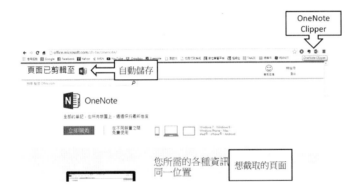

自動儲存功能：

- **google keep**

google keep筆記軟體，比起前兩個記事軟體，此介面比較像是便利貼，可新增各種色彩便利貼記事，並在各個裝置同步更新，每次的修改系統都會自動儲存，內容可新增文字、圖片，並且內建了截取圖片文字的功能，相當方便，記事也能新增清單功能，可將待辦事項打在上面，像是今天需要開會、寄信、交代工作等，開啟提醒功能便不用擔心遺漏。

介面：

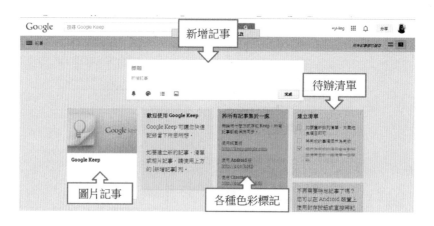

使用：

1. 新增記事，可是文字、圖片、待辦清單。
2. 可開啟提醒功能，避免忘記。

提醒功能：

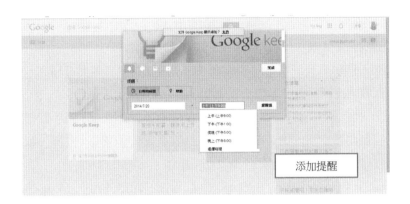

添加提醒

3. 系統會自動儲存並雲端同步，在裝置中直接存取即可。

「達成目標的方法不只一種，要懂得變通。」[10] 除了上述的幾種方法外，還有非常多不同的方法能記錄，而做筆記是為了讓自己在日後更方便的善用這些資訊，無論用什麼方法記錄，只要自己用得慣就是好方法。

文書處理技巧

檔案命名規則

在電腦上，你必須先打開檔案才能知道內容。因此，常為了搜尋檔案花上許多時間和精力。比較妥當的作法是：可先決定檔案命名規則 —— 往後的每一次的命名都遵照類似規則，就能輕易知道檔案內容了 —— 現在並沒有檔名長度的限制，因此，儘量的將檔案的相關資訊，包括專案名稱、作者、時間、版本⋯⋯都詳加記錄在檔名上。例如：課程作業可以用「課程名稱+主題

---

10 《google時代一定要會的整理術》，p.283。

+日期」命名為「企劃課第四講作業2014-07-12」，如此一來，從名稱就能知道檔案的內容是什麼、什麼時間點做的，方便日後尋找。

如果一件專案有許多不同的檔案，就在電腦中建立專屬資料夾，把所有的檔案都收納在裡面，命名方法和檔案一樣。

一份文件通常不會一次就完成，總會經過多次的編修，新手習慣會把每天的內容都直接按下「儲存檔案」，但若檔案流失（停電、故障、或翻倒咖啡等意外總是會發生）或遭到誤刪就必須重做，常常造成悲劇。

正確的作法是常備份（Backup），而且要「記錄先行」（Log-First）。每次工作開始前，記得先「另存新檔」──用每天的日期來命名，如「企劃0711」、「企劃0712」──只要看日期就能知道哪個檔案是最新的了。如此也能保存住以前版本的工作成果，還能從檔案看出你今天的工作效率。我自己的習慣是，建立一個專案歷史記錄的檔案夾，專門保存專案進行中的各版本，以備不時之需。千萬不要有「浪費儲存空間」的想法，因為，現在磁碟很便宜，但資料很貴。

工作中，要記得常常按存檔，或設定「定時存檔」的功能，就能避免資料遺失的悲劇。

善用辦公室軟體

「如果有好些個發想，單獨看來並不是那麼有力，若不進行任何整理或調整，充其量也只是腦中多了好幾個散亂的想法罷了。」[11] 基本的Office工具中就有One Note能寫筆記、Word能文字處理、PowerPoint製作簡報、excel的數據計算等，google也提供線上編修文件（Google Docs、Google Sheets、Google Slides等），不論是文字編輯、數據計算、簡報製作、問卷調查、圖表

---

11 《這樣思考，人生就不一樣》，p.52。

製作……你幾乎通通都能找到軟體或平臺協助，使用這些附加工具能讓你的企劃更加完善。

而且「Google文件方便用來跟其他人協同合作一般文件。」[12] 當你完成文件後，就可以直接線上分享給他人，並授權對方編輯，達到即時合作，這樣的功能在多人的文件編修上是相當方便的，像是開會時，會議記錄者也許會誤會你的想法，這時候各方都能即時編輯內容，而有事未能參與會議者，只要直接寄一份記錄給他，他就不會錯過任何重要資訊了。

在時間掌握上，除了手寫的行事曆，現在還有google日曆、Rainlendar等多種軟體，可在其中建立約會、會議、待辦事項。掌握自己的行程外，也能提醒自己重要的事，還能和他人共享，在團隊的會議安排時間上相當方便，甚至可將會議紀錄附在行程中，方便使用時尋找，在日後回想上也更容易。

標籤／標記

「要時時記得，企劃書是個說服性的文件。」[13] 若想在日後搜尋上更快速也可以使用檔案的標記功能，像是office系統的文件都有標記功能，一個檔案可以同時打上多個標記，例如你可以打上「企劃；工具」，日後你在搜尋時只要是相關的資料都能一併找到。電子信箱的郵件也能用此方法管理，像google信箱就能做到一次多個標籤，「Gmail用標籤取代資料夾，因為它更有效率也更具彈性。一封郵件可貼上數個標籤，讓你根據不同的標籤篩選郵件，檔案夾則無法做到。」[14] 通訊錄中的朋友、出遊的照片一樣都能用此方法做標籤分類，只需要設定標籤關鍵字即可。

---

12 《google時代一定要會的整理術》，p.228。
13 《企劃方法》，http://www.planning.com.tw/knowledge/method/method_004.html，檢閱日期20140720。
14 《google時代一定要會的整理術》，p.201。

雲端定期備份

備份重要文件是非常重要的,除了可以使用外接硬碟、高速卡等儲存設備外,還可以「試著將重要文件放到雲端上,就不用擔心日後因為儲存工具遭到淘汰,再也無法存取。」[15] 網路上有相當多的免費工具都提供雲端服務,如google雲端硬碟、dropbox等,也可以偶爾將重要進度寄到自己的信箱中儲存,就不需要害怕重要的檔案消失了。

【小工具】Dropbox

Dropbox:(www.dropbox.com)

軟體介面簡單,只要會「上傳」和「下載」就幾乎可說是會了八成。

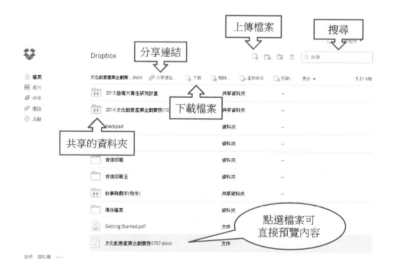

---

15 《google時代一定要會的整理術》,p.176。

方法：

1. 申請帳戶後，可線上使用，也可下載軟體至電腦中使用。

2. 建立資料夾或直接上傳你的檔案。

3. 按右鍵可分享檔案或資料夾，可透過連結或e-mail和他人共享。

4. 檔案可在行動裝置直接線上預覽。

5. 資料庫的同步，若你的電腦中有安裝軟體，當你連上網路開啟後，dropbox將會自動將線上檔案同步更新。若你下載了軟體至電腦中，就和電腦裡的所有資料夾一樣，直接將檔案丟進去，系統便會自動上傳。

6. 軟體有自動備份功能，當你誤刪時還能及時救回。

【小工具】Google雲端硬碟

drive.google.com

功能使用上和dropbox非常類似，一樣以讓使用者一目了然且容易使用為主。

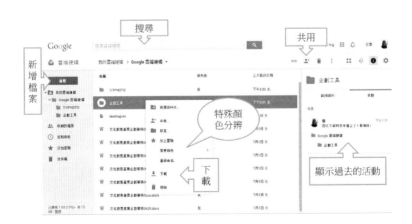

方法：

1. 申請帳戶後，可線上使用，也可下載軟體至電腦中使用。
2. 建立資料夾或直接上傳你的檔案，同時，Google上的檔案、電子郵件附件、相片，都可直接儲存及備份至雲端硬碟。
3. 按右鍵可分享檔案或資料夾，可透過連結或e-mail和他人共享。
4. 檔案可在行動裝置直接線上預覽。
5. 一樣有資料庫的同步功能。
6. 軟體有自動備份功能，當你誤刪時還能及時救回。

專案管理

文創企劃必須倚賴雜色團隊的分工合作，才能達成預設的目標。團隊中每個人都各有所長，有的人擅長繪畫、有的人擅長文字、有的人擅長財務……企劃便如魚得水。但若大家專長類似——所有人都擅長文字，沒有人會繪圖——但企劃卻需要大量繪圖，如何完成便得考驗所有成員的智慧和EQ。大家當然都希望夥伴合得來，不過當事與願違時，也要懂得如何彼此包容和協助，整合成員的能力，截長補短；而非互相拖累或爭吵。

建立協作平臺

一開始並非每個團隊的成員都彼此認識，可能會有個領導者負責帶領成員了解工作的內容。在過程中，可透過成員自我介紹，確定團隊內的資源和個別的能力，方便日後執行與分配工作。同時也可在第一次會議上訂定日後的合作方式，像是平常聯絡的平臺（Redbooth、facebook社團、line群組、Google協作平臺等）、開會的期程、回報進度……。團隊必須對主題方向有

初步共識或目標才能繼續下去。當下若達成共識，便可以做成紀錄，放在大家都可以看到的協作平臺，避免遺忘和誤解。

　　若參與比賽、投標案等具有固定格式的企劃，記得要細讀主辦單位的規定，標記重點，放在協作平臺上。可以避免勞心勞力做到一半後，才突然發現不符合規定。

【小工具】專案協作平臺

- **Trello**（**trello.com**）

　　網頁和行動裝置皆能使用，可直接用google帳戶連結登入，不需重新註冊。可用來做專案的雲端管理，介面簡單明瞭，分成四大區塊，而區塊中的卡片則像便利貼一樣，可以記錄工作或生活瑣事。一樣能新增附件、期限、隱私等，並和其他雲端軟體連結，可以直接線上取得其他檔案，並能邀請成員分享內容，隨時隨地掌握每一個人的專案工作進度。

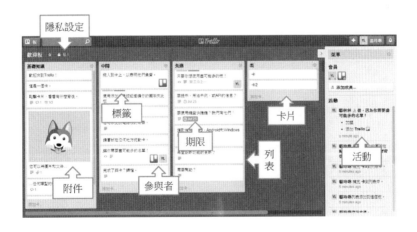

方法：

1. 註冊或直接連結帳户，可以在列表欄位建立你的工作需求，例如：未做、正在做、完成、待確認等。

2. 在列表下方建立事項的便利貼中，可以用各種顏色標籤不同的事項、建立待辦清單、活動、檔案附件等，並能選擇想分享的成員與設定事件的期限。

- **Redbooth**（redbooth.com）

　　可線上使用的專案管理軟體,用來建立團隊專案清單。不管你是2人小團隊還是100人的大團隊,都能用e-mail邀請成員加入。事項中可標記出執行人和工作期限、是否為急件等。成員完成後只要勾選,就能在活動中看到目前的團隊工作進度,此軟體也能記錄相關事件,並能以連結方式分享筆記,目前僅有英文版介面。

方法:

1. 一樣可使用其他系統帳號直接連結登入,如google、facebook,進入後建立專案名稱和用e-mail邀請團隊一同加入即可。

2. 可在專案中建立新增任務,可設定此專案的執行者、參與者,並設定期限,若是急迫性的事項也可標記上「Urgent」,其他相關資料也可在附件中新增,附件除了直接從電腦上傳外,來源也能是其他雲端軟體,如dropbox、copy、google drive等。

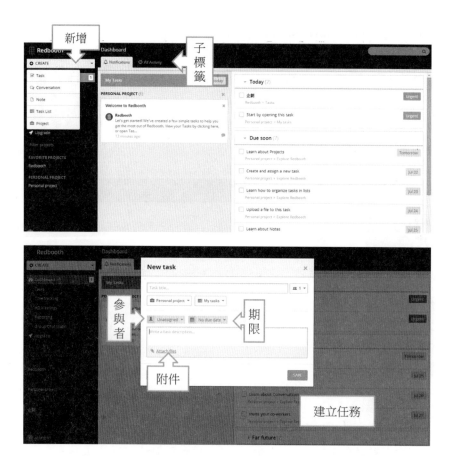

3. 專案中也能建立個人筆記，並能直接取得連結，並發布分享。

4. 專案中也能看到自己的工作進度，待辦事項也能照時間急迫性排列。

分工

依照成員的專長、興趣進行分工，並且互相要求。最好能平均分配工作，避免勞逸不均──而非某些人的責任特別重大，某些人卻只是負責一些輕鬆的小事。「分配大家比較不喜歡的工作時，不妨對接受這些工作的成員提供特別的獎勵，或者讓成員輪流負責，避免有成員受委屈的情形。」[16] 有時也可以嘗試用抽籤的方法決定分工，公平且具挑戰性。若成員難以達成預期目標，其他人也應該適時協助。

嚴守時程

明確訂定完成時限，能看出團隊中的執行效率。可依計畫的時間長度訂時程，最好守時或提早完成，避免耽擱團隊後續作業。若有成員逾時未交件，就需有人定期盯著。**絕不容許開天窗**。如果可能，就直接開除，不要允許團隊中有人不尊重期限。

另外，「即使是已經完成的作品，你仍然可以盡情地加以修改。你應該知道，作品永遠沒有真正完成的一天。星期三時，就把『星期三的版本』交出去吧！」[17]

議程與記錄

「召開會議之前，你必須清楚知道會議的目標。先問自己，這些目標能否透過其他方式達成，例如透過電郵或電話。但請注意，不要過分依賴電郵和電話對談。畢竟人與人之間還是需要偶爾面對面，一起做腦力激盪，凝聚

---

16 《團隊合作力量大》，http://www.emba.com.tw/ShowArticleCon.asp?artid=3594，檢閱日期20140713。
17 《自由書寫術》，p.241。

向心力。

　　此外，你也要確定，是否每位與會者都有必要出席。」[18] 討論和製作過程中最好能定期討論、回報狀況，發現任何成員在執行上有問題就要立即溝通修正、彼此幫忙。每次會議前應該先討論議程（Agenda），可以避免浪費時間。會議結束後也應該製作會議紀錄。

校對，再校對！

　　交出企劃案前，一定要做最後一次的檢閱或是檢討。一打開就看到錯字、排版不統一、多種字型穿插、內容文字五顏六色……通通都是大忌。如果在電腦螢幕上看不出錯誤，那就印出檔案來校對比較簡單。

多案並呈

　　若有餘力，可以多寫一份不同內容的備案。我自己習慣AB案並呈，因為客戶的胃口不見得和你一樣，有兩份企劃案也可以顯示你面面俱到的功力。（有時候B案故意做得差一點，可以用來促使客戶選A案）活動企劃應該補上突發狀況的應變措施。

習題

一、上網建立本講中所提到的所有雲端企劃工具帳號，試用後寫下心得。
二、建立專案協作平臺，並用在實務篇的各項企劃範例上。

---

18 《google時代一定要會的整理術》，p.244。

第6講　企劃提案

Key man

　　企劃提案（Proposal）是指以書面或口頭的形式，向客戶（老闆／主管／夥伴／評審）提出你的企劃書（具體構想）。論及提案技巧以前，我們要回想孔老夫子說的話：「可與言，而不與之言，失人；不可與言，而與之言，失言。知者不失人，亦不失言。」這句話以白話文解釋是這樣的：面對可以談事的人，你卻不和他談事，對不起那個人；面對不能談事的人，你卻和他談事，對不起那件事。聰明的人不會對不起人，也不會對不起事。

　　首先，一定要找到**關鍵人士（Key man）**才提案，不要隨便向任何人提案。所謂關鍵人士，是指對企劃案（或多或少）有影響力或決策權的人士，遇到對的人才談事，否則你「百分之百」是在浪費你的時間、精力，也就是孔老夫子說的「失人」。

　　要做到這一點，你就必須培養出對「人」的判斷能力。比爾‧蓋茲、巴菲特或郭董站在你面前，你當然認識（？）但是這種機會少之又少，大部分時候，你會遇到的是更低階一點的經理人、科員或助理之類的人物。在提案之前，正面詢問或旁敲側擊了解他在專案中的地位和角色。如果他夠重要、夠關鍵，你才認真的與他談論企劃；否則，禮貌的請他將企劃書轉交他的上級即可。我個人的經驗和習慣，儘量不要請任何中間人轉交。因為，

企劃書在這過程中「迷航」的機率實在太高了。總是過了好久，遇到真正的Key man他會說：「我沒看到那份企劃書」、「我忘了，真抱歉」、「啊，你說的那位同仁離職了，所以……」。

　　尤其華人社會喜歡客套，對比較不熟的人虛與委蛇、隨口敷衍了事。而培養出極獨特的「科員／助理文化」──明明不是那麼重要的職位，但是他跟在老闆的身邊，充當「守門人」的角色，可以有效隔絕任何外人與老闆的接觸；甚至，可以在企劃的任何階段從中作梗。提案者必須要先「攻破」這一關，才能接觸到Key man。困擾的是，這些人常常以為自己很重要，希望你能對他們說明企劃案，再由他決定要不要向老闆報告。提案者常會在這裡「失言」，對「錯的人」談論事情。姑且不論非法手段，我常勸同學，除了企劃要寫得好以外，一定要和助理／科員打好關係，企劃才會成功。**請作個討人喜歡的人**。

　　順利見到關鍵人士後，要了解**越重要的人，事情就越多，也越沒有時間**。他們根本沒有時間閱讀長達數百頁的企劃書，也沒有時間聽你幾個小時長篇大論口沫橫飛的分析論述。我常有擔任評審的經驗，比如說一個企劃比賽，收到上百件的提案算是一般。每件提案幾十頁就好，總合就是幾千頁的事情，怎麼可能一頁頁看完？再加上，評審費往往只有幾千塊，根本沒有人會這樣看。

　　因此，提案的哲學總是往「精簡」的方向走──用極短的篇幅、極短的時間，表達出企劃的精髓。同學可以模擬這一個情境：某一天你正要去向世界級企業提案，坐電梯的時候正好遇到總裁也在電梯中，於是你有了人生中最珍貴的「三十秒」。如何在這三十秒內把你的企劃講完講好，那就是提案修煉的重點。

　　時間是那麼的短，篇幅是那麼的珍貴。請記住文創企劃重點：**人以理性做判斷，以感性做決策**。訴諸理性這時候是派不上用場的，一定要訴諸感性──下意識的判斷、衝動的決策方式。在那一瞬間把客戶抓住，讓他大聲

說：「好，案子就交給你了！」

要達到這個目標，除了案子要寫得好，更重要的是要**想辦法讓客戶喜歡你**。當一個人喜歡你，你說啥都是對的，有問題的話都是小問題；當一個人不喜歡你，你說啥他都挑得出毛病，提案怎麼會成功？人是社會性的動物，第一印象往往就決定了喜不喜歡你這個人。因此，在進行企劃訓練時，我總是會要求同學要有整潔的服裝、高雅的談吐、自信的笑容……給人好印象，文創生涯自然無往不利。

投影片設計

主題

簡報的主題就是企劃的主題。好的主題必須以客戶的「歸屬感、自身利益、自我實現、希望與夢想，從這四大人性需求出發以取得共鳴。」[1] 最容易犯錯的地方是以提案者為中心出發的思考。提案者只關心自己想做的東西，而陷入喃喃自語：「我想……」、「我要……」。

反之，應該時時提醒自己，「客戶導向」才是對的。提案者要關心客戶要什麼，說：「你要……」、「你可以！」。

其次，簡報的主題必須「把訊息精鍊為一個點、一句話、一個基礎、一個響亮的說法，深植在觀眾心中，就像鬼針草牢牢黏在衣服上。」[2] 這時代已經沒有人想聽人長篇大論了，簡練的主題訊息，往往就成了企劃的成敗關鍵。

1　《TED TALK 十八分鐘的祕密》，p.25。
2　《TED TALK 十八分鐘的祕密》，p.29。

胡適說過，演講就像迷你裙，越短越好。主題也是一樣，越簡練越好。七是一個魔術數字，主題不要超過七個字。另外，**儘量在主題訊息中加入「動詞」**，可以有效的驅使你的聽眾採取行動——這純粹是下意識的反應，沒有為什麼。

——「開心玩文創」一定比「文創產業策略」好。

——「總裁今夜不睡覺」一定比「總裁很忙」好。

「確立講題核心後，你便可以由此往回推，去建立一個以觀眾為中心的論述內容，裡面包含著一層層的故事與事實。」[3] 接下來就是說故事了。

結構

很多人沒搞清楚，簡報絕對不是照稿唸的朗讀比賽，甚至也不是授課演講。**簡報其實就是一場秀（Show）**，「要有劇本和分鏡，用劇場概念引領聽眾前往一個旅程。」[4]

把你的簡報切成三段。因為，「人類本能傾向以三個部分理解與記憶資訊，當資訊數量為三時，最容易被人們吸收，記憶效果也最好。」[5] 這三個部分可能是有如戲劇結構般的「開局—中段—結局」三幕式；也有可能是「三個步驟」、「三個重點」、「三項行動」、「三件事：預告、正題、呼應」[6]、「三民主義」……。如果真的塞不下，最好不要大於「七」。因為三就是最好的，好記又容易使人印象深刻。

至於，篩檢內容的標準很簡單：

(1) 如果和企劃無關，一律刪除。

3　《TED TALK 十八分鐘的祕密》，p.18。

4　《打動人心的18分鐘簡報力》，https://goo.gl/ZsJnq6，檢閱日期20140723。

5　《賈伯斯抓住人心簡報力》，p.40。

6　《TED TALK 十八分鐘的祕密》，p.64。

(2) 如果能說故事，就不要論述。

(3) 「一件事很多細節」或「很多事缺乏細節」間，永遠選前者。

(4) 只說親身經歷的事。

講者介紹

講話的人和所講的話一樣重要，甚至更重要。在簡報之前，請務必記得要自我介紹，讓客戶牢牢記住。

首先，人下意識就會想要記住「名字」。大亨卡內基（Dale Carnegie）說：「人名不可忘，因為不分語言，每個人都愛聽別人叫出自己的名字。」[7]能被叫出名字，關係就會更親密，覺得不再是陌生人。名字是父母給的或神明抽籤算命來的，通常不由自主——有的人「天生」就有令人難忘的好名字：連戰、馬英九、陳水扁……。但大多數人都沒有，怎麼辦？很簡單，為自己取個響亮的字號、暱稱，比如「安心亞」、「鋼鐵人」、「高雄金城武」……。

其次，要讓客戶知道「為什麼這件事非你不可」。過去的經歷，尤其是和本企劃案的內容相關的；特別是很輝煌的成功經驗，絕對會為你的企劃加分。

但是，別忘了，吹牛切忌過了頭，適可而止就好。

內容簡介

很無奈，現代人的耐心真的有限，「演講開始的前十到二十秒是觀眾注意力的高峰，接下來他們就會開始分心。」[8]因此，簡報都已經是「簡」報

7　《TED TALK 十八分鐘的祕密》，p.101。

8　《TED TALK 十八分鐘的祕密》，p.43。

了，通常你在一開始還是要來段內容簡介。

　　學會這件事：用一句話來概括整份簡報的重點，絕對不要超過兩句話。而且這句話絕對要與客戶切身相關，最好還能促使他起而行動。在戲劇中這叫做Punchline，有時叫做「驚人之語」。一行就擊中客戶的心，就像釣魚，一下餌，魚兒就上鉤。

【範例】Punchline

　　以下是錯的，作文比賽可以寫，但簡報企劃不要用：

　　×：本企劃將能推動世界和平，增進人類的福祉。

　　×：本方案可以幫助偏遠地區的兒童，獲得良好的教育。

　　×：本產品解決都市下水道的蟑螂問題，造福本市市民。

　　改作這樣說就好很多：

　　○：本企劃將能推動世界和平，<u>使您的理想</u>能推到全世界！

　　○：偏遠地區的兒童可以獲得良好的教育，<u>您的業績</u>也會有100%的成
　　　　長。

　　○：本產品解決都市下水道的蟑螂問題，使<u>您的生產</u>不再被衛生單位干
　　　　擾。

　　接下來，如果時間允許，講個個人經驗的小故事，比如舊產品的使用經驗、現行方案如何的不方便⋯⋯。「首先，自己的小故事一定要真的、是自己的，親身經歷或個人觀察都行，裡面的大人物最好是別人而不是自己；第二，故事一定要跟講題直接相關⋯⋯你的故事一定要說的感性、感人，對話豐富，細節要多到讓觀眾也感到身歷其境。」[9] 千萬不要說「我聽

9　《TED TALK 十八分鐘的祕密》，p.44。

人家說……」、「這是我朋友的親身體驗……」、「根據某某某的調查研究……」這種話。因為每個夠聰明的客戶都知道，那代表你說的不是真的或者你不確定是真的，幹嘛聽下去？

然後，請提出強而有力的問題，只問「為什麼？Why」和「如何解決？How」──輪流問，一連串的問──塑造急迫感，讓你的客戶心裡迫切的想知道答案，「讓聽眾的好奇心與自己想要傳達的訊息產生連結。」[10]

──為什麼會造成現在的問題？

──那又要如何解決？

──為什麼你要忍受這樣的狀況？

──本企劃如何將您的業績增加100%？

排版

投影片排版最著名的有三種法則：「高汀法」、「高橋法」跟「萊西格法」[11]：

- 高汀法：投影片上直接放圖片，往往溢出投影片的邊界，讓圖片說明一切，不依賴文字和數據說明。
- 高橋法：投影片上的字越少越好，但字體要大。
- 萊西格法：就是整張投影片只放一張圖，上面加一點點字。

你可以發現，無論哪一種方法，圖形都是最重要的元素。請千萬記住，把文字留給你的企劃書，簡報多用圖。**字越少越好**，別將你要說的話通通打上，然後照稿唸。只需重點和簡單說明，不要長篇大論，畢竟投影片只是輔助工具。「最好的簡報檔須遵守七七法則，即每張簡報檔不超過七行字，每

---

10 《賈伯斯抓住人心簡報力》，p.22。

11 《TED TALK 十八分鐘的祕密》，p.122。

行七至十個字。」[12]

圖 ＞ 表 ＞ 文：能用圖形就用圖形表示，其次是用表格，最不得已的選擇才用文字。

「一目了然才是最好的。就像是提到美女，沒有一個人寧願知道三圍、身高、體重這些數字，而不願看照片的。」[13] 在投影片中放入相關圖像和表格，這樣讓抽象概念可以直接被聽眾所了解，例如現在你做的是財務分享，你要分析每個月的薪水都用在哪，比起直接打上房租30%、餐費45%、交通25%……直接放上一個圓餅圖，反而能讓觀眾一眼就看出花費最高的部分。

哪張比較吸引你？

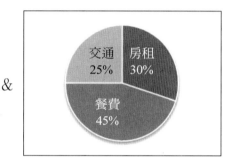

色彩配置的學問也在於「少就是多」，通常只用三種顏色是主流，最多不要超過五種，避免造成視覺的混淆。重要訊息的顏色務必要和底色呈現強烈的反差，絕對不要混在一起。

字體要以能清晰辨識為佳，同一張投影片不要超過兩種字體，字級不

---

12 《打動人心的18分鐘簡報力》，http://www.businesstoday.com.tw/article-con-tent-80407-103490，檢閱日期20140723。

13 《高橋憲行企劃書聖經》，p.92。

要太小，色彩單純就好。另外，由於電腦作業系統顯示的緣故，中文儘量用「細明體」或「標楷體」；英文只用「Times New Roman」。如果想用其他字體，請務必確定簡報時能夠正確顯示。另外，千萬不要用輕挑、藝術、太過流線化、卡通化的字體，會導致客戶印象大大扣分。

　　通常，一張好的投影片只傳遞一個簡短的訊息（圖形或文字）。這個訊息放在哪裡呢？你可以運用攝影常用的「九宮格法」——將整個版面以三乘三均分成九個格子，四個橫直格線的交叉點就是「視覺中心點」。把最重要的訊息放在視覺中心點就對了（下圖灰色區塊）。

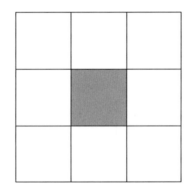

　　另外，我還會很注意「留白」，不要把版面塞滿。版面一定要留「天地」和「左右」，最好不要讓任何有意義的訊息貼緊版面的邊緣，甚至遭到切割。視覺上有點餘裕，看起來會比較舒服。

　　最後，這幾個網站提供給同學參考：

簡報藝術烘焙坊　　　http://artofslide.blogspot.tw/2014/01/blog-post_26.html

簡報七守則　　　http://www.cw.com.tw/article/article.action?id=5044344

TED　　http://www.ted.com

　　TED為技術（technology）、娛樂（entertainment）、與設計（design）的縮寫，現在規模已經擴及各個領域，如商業、科學、文學……，邀請各領域

的講者針對自己擅長的內容在十八分鐘內分享他們的故事。可在TED.com網站看到過去的各場演講。我通常會建議學文創的同學，一天可以看一場。

使用PowerPoint

大綱

簡報最好是先做大綱，再填各張的內容。這樣才會綱舉目張，層次分明。在PowerPoint左欄檢視區中選擇【大綱】就能看到，全選後按右鍵即可複製內容到Word等軟體。（或從其他軟體貼過來），非常方便。

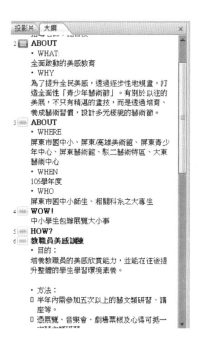

母片

有時候會想將投影片的標題文字改成特殊色彩或字型，但一張一張改又很麻煩，這時候就可以使用母片功能，此功能除了文字外，也能逐張在投影片一次編修圖形，製作相當方便。

【檢視】→【投影片母片】

進入母片功能，可在其中調整原先內建的投影片字體、字型、色彩、圖形等。設定完成後，回到原始畫面製作投影片，投影片會直接套用母片設定的樣式，製作更快速且統一。

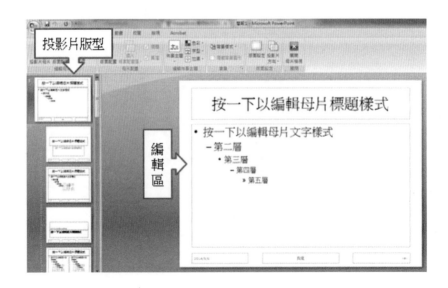

SmartArt

在簡報呈現中，圖表永遠優於文字，所以請將你的數據用SmartArt化作圖吧。

【插入】→【SmartArt】

點入後會出現選擇的圖樣，可依照需求選擇圖形，有流程圖、階層圖、關聯圖等。

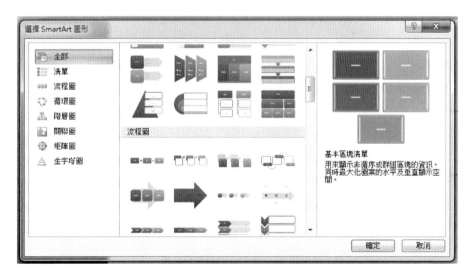

選取需要的圖形後輸入內容即可，也可從打好的文字轉換成SmartArt圖形。

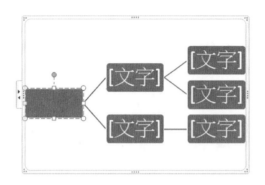

轉換圖表

Office工具中軟體都能互相通用，Excel中的數據表格也可直接在powerpoint中變成圖形。

【插入】→【圖表】

點入後會出現各種圖表，像是直條圖、折線圖、原餅圖等。

選擇完要製作的圖表後會出現Excel檔案,將數值全部框起來。

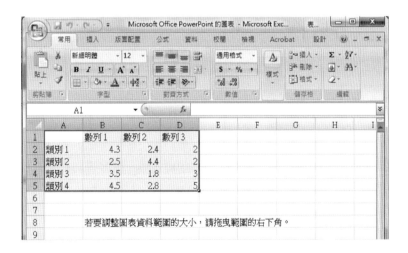

軟體會直接依數值幫你製作成圖表,相當方便。

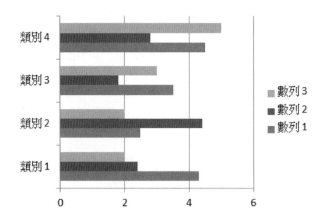

動畫

　　除了投影片切換的動畫功能，也能為重點字或圖片加上動畫，來吸引觀眾的目光或是表達投影片的重點。但切記別用太多，以免顯得雜亂且煩人。

　　【動畫】→【自訂動畫】

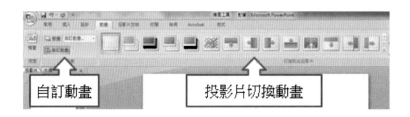

自訂動畫　　　　　　　　投影片切換動畫

　　點入後左方出現自訂動畫欄，可選擇動畫效果、速度等功能。

版面設計

可使用內建的版面直接修改，修改後也可儲存你滿意的設計，下次製作時直接套用即可。

【設計】→【佈景主題】

可選擇現有的版型快速套用。

若改好的版型則按【儲存目前的佈景主題】作儲存。

字體打包

　　有時候在自己電腦中選擇了一個美麗的字體，將檔案傳送給別人時卻發現對方沒有那個字體，字體就會變成原本電腦內建的原始字體。若希望能保有原來的字體，又不想帶著字體安裝檔案，那你可以試試看這個功能。

　　【檔案】→【另存新檔】出現儲存的方框，按下儲存鈕旁邊的【工具▼】選擇【儲存選項】

勾選【在檔案內嵌字型】就可以將特殊字體帶著走了。

【簡報範例】百藝門

《百藝門》

2014 TBSA商務企劃競賽創業企劃組入圍作品

作者：張學人、阮羿璇、余靜嘉、陳亦婷、林怡伶

☝ 封面要有清楚的6W2H資訊，配色考慮呈現時的情境，黑白是最安全的選擇。

企劃情報/概念分析

百藝門/藝文界的愛評網
企劃目的
藉由網路平台提高國內藝文活動曝光及參與度。

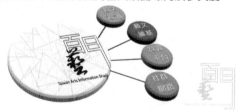

☝ 以圖形代替分項文字說明，善用配色。

企劃情報/概念分析

外部大環境/時代趨勢情報分析

政策/法律	經濟/消費
➤政府將文化創意產業列為政府六大新興產業之一，而數位內容產業納入六大旗艦計畫之一，予以重點推動。 ➤智慧財產權受到社會重視以及法律保護。	➤社群網站興起，Facebook 2013年第四季營收為 25.85億美元。 ➤數位內容產業中網際網路入口網站經營2012年成長率為10.8%。 ➤台灣線上購物規模自2006年開始呈現2位數的成長趨勢。
社會/人口	科技/技術
➤2012年智慧型手機使用者佔全部手機使用者的47.2%。 ➤2011台灣經常上網的人數已達1,097萬人，佔全台人口48%。	➤網站貯存空間價格下降。 ➤app撰寫及發行門檻下降。 ➤網路交易的便利性及安全性提升。

👍 簡報文字要儘量條列式呈現，少用成段敘述文字。

企劃情報/概念分析

產業/競爭情報分析
➤藝文資訊分散
➤無售票通路藝文團體

	百藝門	兩廳院	The wall
藝文百科	○	×	×
交易平台	○	○	○
社群功能	○	×	×
評論	○	×	×
專欄/報導	○	×	○
影音購買	○	×	×
場地	×	○	○

Taiwan Arts Information Sharing

成功關鍵要素
會員既是參與者也是創造者，會員使用率高，相對提升消費的可能性以及網站廣告價值。

👍 表格可以清楚展現比較性的資訊。

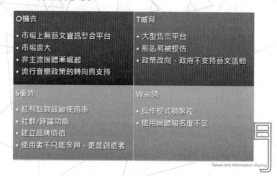

👍 表格也可以配色，避免單調。

👍 以箭頭展現出流程動態。

商品概念設計表

網站首頁

☞ 放上人臉，注目效果會增加很多。

☞ 將產品示意圖放在簡報中能讓觀眾更好理解，以圖像呈現也較能引起觀眾興趣。

行銷戰術及活動設計

各戰術設計

☞ 說明重點簡單扼要。

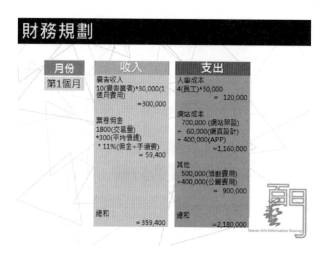

👍 How much 財務分析不要太繁瑣，簡報時只要大項總計就行了。

👍 最後的感謝頁面有其必要性，通常簡報後緊接著Q&A，畫面停留在此，可以給聽眾好印象。

簡報技巧

　　簡報不只是放投影片，而是「向聽眾陳述內容、傳達訊息或觀點的過程。」[14] 像是你和上司說明你目前的工作狀況、小組間的每週工作回報等，都屬於簡報——排版、字型、色彩、口條……樣樣都是學問。客戶從簡報中就能看到簡報人的邏輯性、各種細節、甚至簡報者的個性，簡報就像一場秀，「演講者，就是一位拿著劇本演戲的講師！」[15]

　　正式簡報前，你得做好萬全的準備[16]：

- 日期與時間
- 會場
- 參加人數
- 與會者是哪些人
- 使用的時間
- 想一想做簡報的對象
- 決定時間和地點
- 決定做簡報的時間
- 聯絡與會者
- 請對方回覆是否參加
- 準備份數足夠的企劃書
- 檢查地點
- 準備簡報的內容
- 準備列席者提問

14　http://zh.wikipedia.org/wiki/%E7%B0%A1%E5%A0%B1，檢閱日期20140725。

15　《打動人心的18分鐘簡報力》，https://goo.gl/zCFQEZ，檢閱日期20140723。

16　《從0開始做企劃》，p.142。

- 排演

預備排演

「凡事豫則立，不豫則廢。」一定要在約定的時間前抵達簡報現場，做好必要的準備：

- 試用簡報器材，尤其是電腦，越重要的場合就「一定」會當機。我總是會帶著自己的筆記型電腦和各種備用接線。
- 調整檔案格式，避免檔案無法開啟。
- 調整照明以使投影片能最佳呈現：太亮則看不到投影片，太暗則看不到觀眾的反應。避免有色燈光，會使投影片配色失真。
- 調整座位，使聽眾能以最舒服的角度聽取簡報。最好的方式，講者能夠自然直接地與聽眾眼神接觸（eye contact），保持一點距離以避免壓迫感，但又不要太遠，造成疏離感。適當的距離大概是超過手臂持劍能觸及的範圍，但不要超過能看見客戶嘴角微笑的範圍。
- 如非必要，勿使用麥克風，自然的聲音才有親切感。如必須使用麥克風，務必先測試音量，再沒有比回授噪音更惱人的。
- 確認簡報者的位置：避免投影機燈光直接投在臉上；站立或是坐著簡報？女同學若著裙裝，要注意坐下曝光的問題。
- 調整空調：你絕不希望客戶聽到一半就汗流浹背，或者站起來去關窗子。

「臺上一分鐘，臺下十年功。」簡報若有規定的時間長度，請一定要遵守。（除非客戶喊「安可」叫你繼續。）要達到這個目標，一定要**排練、排練再排練**。如果沒有規定時間長度，請記住，**少就是多，寧可短不要長**，不要囉囉嗦嗦講個沒完。

同學最常問的問題是：一張投影片要講多久？

我的建議是：三到五分鐘。不要太短，因為客戶看完投影片上的內容，需要一點時間消化。（在此就可以發現用圖形比文字卓越之處）由此反推，每次簡報只能做有限張的投影片。比如三十分鐘的簡報，超過十張投影片絕對太多！沒受過文創訓練的同學，甚至是老師，一堂課做三、五十張、上百張投影片。你可以發現，資訊吸收效果非常差，臺下都睡光了。

　　「其實演講的最高境界不需要任何投影片。」[17] 你會希望客戶看著你的眼睛，不希望他看投影片對吧？如果能做到這點，提案的成功率至少提升五倍。依我自己目前的經驗和功力，一小時五張（含封面）就講不完了，正在訓練自己達成最高境界。

口條與修辭

　　「既然話是講給人聽的，一個好的演說，就必須因人而變！」[18] 簡報者在某部分來說很像是一個推銷員，差別只在一個推銷的是想法，而另一個是商品，要怎麼樣才能讓聽眾聽了覺得你說的很有道理，願意繼續聽下去。

　　新手可以試著寫下「逐字稿」，使自己更熟悉內容，不斷的唸誦也能訂正錯誤。但到了正式上場時，**絕不要逐字唸稿**，必須將內容記在腦中，並轉化成口語的方式向聽眾說明。簡報要像聊天，而不是演講。你要讓每一個聽眾覺得，你只是「一對一」的和他們對話——多說「您」，少說「我」或其他第三者。

　　排練時可以錄音。平常說話時並不容易發現自己的贅詞和口頭禪，緊張時贅詞更多，像「然後」、「所以」、「事實上」都是常見的贅詞，「這

17　《TED TALK 十八分鐘的祕密》，p.121。
18　《打動人心的18分鐘簡報力》，https://goo.gl/zCFQEZ，檢閱日期20140723。

種『廢話癌』有一個辦法可以治，就是『說一下、停一下』。」[19] 你也可以用錄音的方法在事後聽，或是請朋友幫忙聽。語氣上也能調整，一個說話有抑揚頓挫的人和講話像在唸經的人，可想而知哪個比較能吸引觀眾注意，一場兩小時的演講，觀眾決不可能從頭到尾都全神貫注，通常人的集中注意力時間都滿短暫的，也可以用聲音來給予他們一些刺激，使他們再次集中注意力。

　　要講話自然，有個小技巧，就是「**刻意的停頓**」。稍微停一下，你自己可以喘口氣，聽眾也可以跟上你。你也可以藉由停頓觀察現場的氣氛、觀眾臉上的表情，他們是否確實融入了你的簡報？是不是該來個小故事或小互動，讓彼此更熟悉？政治人物很喜歡用：「鄉親啊，你們覺得對不對啊！」這一招百試不爽。

　　另一個小技巧是「**刻意的重複**」。不要太常用，可以大大加深聽眾對簡報重點的印象。比如像這樣：「同學們，少就是多，少就是多，少就是多，簡報要短不要長，請記住少就是多。」

　　音量要大到連最後一排都能聽見，但要有高低起伏、速度上的變化，聽眾才不會睡著了。

　　說話時句子要短。（寫作時也是一樣）善用標點符號造成停頓，形成一種自然的節奏感。注意語言的韻律性，可以押韻強化聽眾的印象。推薦同學多看吳念真導演做的「保力達」廣告，聽他說話，那就是簡報修辭最高境界。

　　「but……人生最重要就是那個but」，**句子若切成前後兩部分，永遠後半部才是重點**。

　　「我很喜歡你的構想，但是在執行面上可能有些問題。」這代表你的企

---

[19] 《TED TALK 十八分鐘的祕密》，p.99。

劃完蛋了。

「雖然在執行面可能有些問題，但我很喜歡你的企劃。」恭喜你，你的企劃過關了。

肢體語言

「簡報並不只有轉化成為視覺的文字而已。那些無法以言語表達的部分，藏著某種了不起的魔法。手勢、聲音的抑揚頓挫、臉部表情、眼神接觸、熱忱，還有笨拙的肢體語言，以及掌握觀眾的反應等，一場簡報裡有太多藏在潛意識裡的線索，端看你了解多少，以及是否受到啟發。」[20] 對著鏡子或是錄影最能直接看到自己的姿態，一個不斷扭動、抓頭、從頭到尾只盯著投影片的報告者；和一個運用手勢、不斷以眼神或走位和觀眾互動的報告者，觀眾會認為後者比較有自信，前者較不專業。「演說是對著聽眾說，不是演給自己看的！」[21] 試著看著你的聽眾，讓他們覺得你是為他們說的，他們每個人都是你故事中的主角，適時的加上手勢，引導你的觀眾。

美國史丹佛大學的調查結果：「五分之四的人覺得站著更有說服力，同時也能讓聽眾看見講者的肢體語言。」[22] 站著時也必須注意你的站姿，若你拿著麥克風，記得不要用雙手握，那會使你的背蜷縮，看起來緊張且無自信。配合說話的內容做手勢，不宜太過誇張。範圍以腰帶到領口、不扭曲身體為準。

最重要的是「眼神接觸」，祕訣在於想像你正在輪流跟個別觀眾聊天。你可以強迫自己，由前排中間開始，左右掃射，每句話或每個想法輪一個

---

20 《職場工作者必備的軟實力，向TED學簡報的技術，有效傳達、促成改變》，
　　https://www.managertoday.com.tw/articles/view/37121檢閱日期20140726。

21 《打動人心的18分鐘簡報力》，https://goo.gl/zCFQEZ，檢閱日期20140723。

22 《打動人心的18分鐘簡報力》，https://goo.gl/zCFQEZ，檢閱日期20140723。

人，保持眼神接觸三到五秒鐘。尤其是Key man，應該占掉八成的時間。

服裝儀容

有研究顯示，面試一進門的七分鐘內，面試官就已經決定是否錄用。（就我的經驗，通常只要三十秒）。重點不在於你的能力，而是面試官喜不喜歡你。

簡報也是一樣，通常客戶和你都是首次碰面。（熟人才不會互相簡報），除了口才和內容外，你的服裝儀態也會決定他對你的第一印象，「服裝代表了自己與自我內在。發表簡報時，若能視情況、文化、發表的產品或企業品牌的形象決定穿著，將可提高簡報成效。」[23] 課堂上的簡報練習要比照正式簡報，要求學生著正式服裝——男生穿襯衫、長褲；女生可著裙裝，不宜過短或過度曝露。顏色不要太花俏，黑白是最安全的選擇。如果想穿T-shirt和破牛仔褲上場，等你和賈伯斯地位相同再說。

笑容是最佳的裝飾品，把聽眾當作朋友一樣對待。

 習題

一、假設你現在在電梯中遇到臺灣首富，你只有三十秒的時間，你想對他說什麼？（你的文創夢是什麼？）

二、續上，臺灣首富對你說的內容很有興趣，要你準備正式簡報，請製作Powerpoint。

三、續上，親自上臺模擬簡報。

---

23 《賈伯斯抓住人心簡報力》，p.17。

第7講　企劃人

要投資有B級構想的A級人才，絕不投資有A級構想的B級人才。

——喬治·杜利爾（Georges Deriot）　創投（Venture Capital）之父

如何找份企劃工作

根據2012年行政院勞工委員會所發布之《職業類別薪資調查報告》，臺灣文化創意產業之受僱員工總人數為十七萬人，其中又以「運動、娛樂及休閒服務」、「出版」及「廣告業及市場研究」等產業受僱員工人數較多，是比較有機會找到企劃工作的所在。

找工作大概是世間最苦的事了，得卑躬屈膝、強迫自己去接受許多不理想的事情。尤其是企劃工作，個性不能接受「客戶導向」概念的人，根本沒辦法幹這一行。

對新鮮人而言，「騎驢找馬」的觀念很重要。沒有人保證你第一次就能找到最理想的工作，也沒有必要把第一個工作就當作永久的工作。文創產業中，某些明星產業有「小圈圈」的慣性，如「電影圈」、「廣告圈」……，圈外人其實很難打進去。因此，要珍惜機會，先搶進小圈圈，以後才會有更好的工作機會上門。

留意校園徵才訊息

每年三、四月，許多學校都會有校園徵才活動。大都是有意願僱用畢業生的徵才廠商才會到此擺攤，校園徵才雖然聽起來很落伍，卻是許多企劃人進入職場的第一關。準備好你的履歷，千萬別錯過校園徵才。

人脈哪裡來？

找工作時就會發現，比你早進入職場的學長姐是多麼重要。除了學長姐之外，實習單位的前輩，更是需要保持聯絡的好對象。由於企劃工作需要相當理解工作內容，並需要與工作夥伴磨合，都會耗掉大量的時間和精力。因此，企劃人往往會優先錄用合作過的對象，減低不適用的風險以及過高時間的成本。廣結善緣是在青年階段很重要的資產。

人力銀行

人力銀行是最制式找工作的方式。優點是職缺多元，資訊很豐富。缺點是送出去制式的履歷跟其他所有人一模一樣，這在文化創意產業很吃虧。就我自己輔導顧問那麼多家文創公司的經驗，通常會把自己的履歷放在表格中、用國中畢業照的，看也不看就淘汰了，更不用說手寫的履歷表。理由很簡單，沒有創意，沒法混文創業。

因此，若在人力銀行徵才網站看到喜歡的職缺，請準備一份獨一無二的履歷，電子檔寄給人事聯絡人（或是已經在這單位的學長姐前輩等），另外還要輸出一份正式的履歷，郵寄到這些單位窗口。寄出隔週，禮貌性地致電收件人確認收件之外，也禮貌地探詢面試的可能。

時間窗口

文創產業隨時都有多樣的職缺，但大部分集中於臺中以北（六成以上）。因此在中北部找個相關工作並不太困難。但如果要在這些地方以外，找個喜歡又能勝任、地點又理想又穩定的工作，就沒有這麼容易。因此一定要比別人早卡位。畢業季在六月，無可厚非大部分的學生都想玩個暑假再找工作，那肯定要擠破頭。最好是在二月農曆春節剛過，領到年終獎金的離職潮就開始找，及早出手卡位。

自己當老闆

在文創產業中，由於小圈圈的盛行，只要能在圈內混得夠久 —— 通常門檻是十年 —— 就有機會自己當老闆（團隊領導人），被稱為「○○哥」或「××姊」，自行創業。在企劃工作上尤其是如此，因為企劃本質就是做計畫，與其幫老闆做企劃，不如自己幫自己當老闆，為自己做企劃。

這也是文創產業廠商規模偏小的主要原因。如果你有志創業，推薦《開心玩文創》（施百俊著，書泉出版）這本文化創意產業的經營指南。在本節中，我們將摘錄出幾個重點，提供給讀者參考：

創業家（Entrepreneur）

大家都想當老闆，但很少人意識到：**「老闆是普天下最苦的工作！」**

在新創團隊中，創業家不但要扮演「企業靈魂」的角色，還得扮演「火車頭」般的領導角色。所有其他團隊成員都可以休息，就老闆不能休息。所有的創業家幾乎都工作十二個小時以上，全年無休，犧牲家庭生活和生活品質是必經之路。更由於資金的限制，常常是Under-Paid（收入與付出不成正

比），幾乎不領一毛酬勞的苦幹。你真的想要試試看嗎？

創業要成功，人才扮演相當關鍵的角色。「企業經營的第一要素是『人』，其他的都是次要。策略、程序、結構、和系統都必須仰賴『人』來執行，其績效好壞也完全因『人』而異。」[1] 不過光有優秀的人才，卻不能組成戰鬥力強的團隊也是枉然。

許多在各領域身經百戰的人才，組成創業團隊後的表現卻不如預期，主因是他們不了解「創業是在最少的資源下創造最大的槓桿效應」。這些人過去可能都是在大企業服務，「喊水會結凍」。一旦離開原來的企業加入新的創業團隊後，心態卻沒有隨著調整，以為自己還身處在大企業，擁有充沛的資源。結果，很快地將資源耗盡，成果卻不如預期；終致新創事業面臨經營危機，倒閉收場。

一般來說，隨著時間的推演，加入創業組織的人會越來越多。後來加入的人算不算創業團隊？如何讓後來加入者也能與創業者共享願景和理念？是重要的課題。若是創業團隊中，開國元老因為與其他創業者理念不合而離職；後續加入者觀察創業家言行不一致，因而對組織文化左耳進，右耳出，那麼悲劇就不遠了。

創業團隊一開始通常不大，大概在五到七人。這些人可能因理念而結合、也可能因人脈而結合、也可能因利益而組成創業核心。隨著規模越來越大，企業也逐漸加入了新的團隊成員，成為所謂的「外來團隊」。這個外來團隊跟創業核心可能出現格格不入的情形，創業家，也就是企業領導人 CEO，有責任將這兩個團隊融為一體。

1　《創業成功學》，pp.21-22。

團隊 > 商業模式

「要用兩倍的薪水去聘請有用的人，不要用一半的薪水去聘請沒用的人。」

新創事業沒有太多的資源，要在有限資源的情況下達成組織目標，大概很難有空間去聘請沒有任何實務經驗的社會新鮮人，從頭訓練起。新創事業要的是「即戰力」，馬上上戰場打仗的人。至於訓練新鮮人的社會責任，對不起，可能得留給那些資源豐富的大企業。並非新創事業沒有社會責任，而是如何活下去才是新創事業的首要考量。

歸納起來，新創團隊選擇人才，有五大原則：

一、選與創業家氣味相投、個性相合的人！

二、通才比專才重要：要能身兼數職，文武兼備：企劃、研發、協調、業務、行銷、客服……都能做、願意做的人，比單一領域的高手更好。在大企業待久了，習慣接受別人支援的人，絕對是錯誤的選擇。

三、大材小用：選能力、潛力高於現有工作的人；而不要選能力較差、學習能力弱的人。

四、選積極主動從事工作、能獨立作戰的人，不要選被動、需要鞭策的人。

五、組織要有彈性，隨時能如變形金剛一樣調整任務與目標。

《就業服務法》規定：「為保障國民就業機會平等，雇主對於求職人員或所僱用員工，不得以種族、階級、語言、思想、宗教、黨派、籍貫、性別、容貌、五官、殘障或以往工會會員身分為由，予以歧視。」另外在《勞動基準法》、《性別工作平等法》、《勞工安全衛生法》等，亦有相關之規範條文。某種程度上，幾乎是要求企業在用人時，必須矇著眼睛。如果在徵才需求寫上「限：女性、160cm以上、容貌清秀」等，一定會觸法。甚至，

有專門的勞動法令「蟑螂」，就專門在逮你一時疏忽的徵才條件而從中勒索牟利，千萬不可不慎。

　　文創產業新創企業的招募對象，多不會透過公開徵求，而是透過人脈關係相互介紹。如果真有必要向外徵才，切記，一切以「能力」是問；以能力（擅長語言、學經歷、證照……）為徵求條件就對了。

　　也因此，新創企業常會忽略簽訂勞動契約／僱傭契約的重要性。人才既然都是透過人脈招募進來的，彼此都是「親戚朋友」，一切不計較、一切從簡──反正你為公司工作，我準時發薪水──這樣就好，不必還那麼麻煩簽約。這種作法十分不妥當，為何？因為在正常狀況下，大家好來好去，不會有啥問題；但萬一有一天，雙方發生衝突導致不得不結束賓主關係，麻煩就大了。對方隨便一招，都能讓你吃不完兜著走。

　　由於業種的差別很大，僱傭契約並沒有定型化契約可以遵循。原則是把僱傭雙方的權利義務，都白紙黑字寫清楚。一般包含：酬勞、待遇、聘期、工時、休假、福利、工作項目……，只要雙方合意，簽字就算數了。

　　僱傭契約必須對雙方都公平，對文化創意產業而言，比較要特別約定的有下列幾項：

　　一、忠誠義務：為競爭者工作、招募誘使同事離職……均是觸法行為。甚至，約定不得在外兼差，以免影響到工作的專注度。

　　二、保密義務（Confidential agreement; Nondisclosure agreement）：無論是合夥人、員工等團隊成員，均必須對公司內的營業機密負有保密義務，包含創意、商機、來往客戶、股東名單、財務狀況、契約內容、企劃專案……無論是否標示為「機密」，只要一外洩就可能導致公司利益受損，危害到公司的生存。

　　三、競業禁止：董事、股東、員工等，無論在職或離職後一段期間內，不得從事與公司互相競爭的公司業務。雖然在法令上，可能要求員工不得跳槽到相關產業的規定還有違反職業選擇自由的爭議，但寫

上去，讓大家知所警惕；否則將面對訴訟的條款往往就很具有約束力了。

四、智慧財產權相關約定：員工在職期間，所有為業務目的的創作，公司都擁有智財權。員工須同意將所有構想、創新及創意的完整權利、名稱及利益移轉給企業。包括了設計、發展、發明、改善、商業祕密、發現、寫作及其他作品，諸如軟體、資料庫及其他與電腦相關的產品及程序都是[2]。並須約定研發專利的歸屬，不得於離職後再創業等。

現在盛行的「委外」（Outsourcing）風潮，其實就是要避免僱傭契約的麻煩，一切以公司間的買賣契約來替代。不但可以有效降低人事成本，也可以讓組織更有彈性。創業家可以多多參考運用。

公司型態

企業是依照《公司法》所設立的，並因《公司法》之相關規定而成為具有某些權利義務的法人組織。我們依照企業資本組成結構，可以將企業分為獨資（Sole proprietorship）、合夥（Partnership）與公司三種形式，各有其不同的法令來規範其權利義務。以下分別敘述這三種企業組成形式的特性與差異：

一、獨資：指由一個自然人獨自出資成立，且自負盈虧的企業形式。由於獨資事業的企業法人與負責人相同，權利義務與自然人一致，需要負企業最終的盈虧結果，且負無限清償責任。

二、合夥：指兩個人以上相互約定出資比例，且以共同經營事業之契約關係成立的企業型態。合夥人以相互約定比例出資成立企業，因此

2　《創業管理》，p.523。

不管是企業存在時的利益分配，解散之後之財產亦依照比例分配。但若清算後財產的殘值不足以償還債務，亦由合夥人共同負擔。因此合夥人亦需擔負無限清償責任。

三、公司：公司是指依照《公司法》之規定與程序，發起並成立的營利事業組織。依照《公司法》，公司由出資股東依比例出資結合，以營利為目的，並以事業營利所得分配給出資股東的法人。在法律架構下，只有依照《公司法》登記的事業體，才算是公司。

而依照《公司法》第二條的規定，公司又因組成結構及清償責任的不同，分成無限公司、有限公司、兩合公司及股份有限公司，茲分述如下：

一、無限公司：由兩人以上股東組成，並對公司債務負連帶無限清償責任之公司。

二、有限公司：由一人以上股東組成，就其出資額為限，對公司負責任之公司。

三、兩合公司：由一人以上無限責任股東，與一人以上有限責任股東所組成，其無限責任股東對公司債務負連帶無限清償責任，而有限責任股東就其出資額為限，對公司負其責任之公司。

四、股份有限公司：由兩人以上之自然人、政府或法人股東一人以上出資所組成，全部資本為股份，股東就其所認購股份，對公司負責任的公司。

以上四類公司中，以「有限公司」及「股份有限公司」較為普遍，通常簡稱為「公司」。這兩者間的差異，是由資本額與股東數量來區分。現在已經取消登記公司的資本額下限，而且可以網路線上申辦，相當方便。因此，小型創業公司可以先選用「有限公司」的型態來組織，進一步成長後，再重新登記為「股份有限公司」。

獨立文創工作者偏好以小型的私人企業社、工作室來經營，這亦無不可。但是在企業規模變大時，就會受到許多限制。而且在融資（借貸、募

股）上常居於劣勢。因此，我們會建議，如果事業未來有持續成長的潛力，最好還是去登記為「公司」。

另外，由於文化創意產業有「雜色團隊」的特質，常會以臨時性、跨組織、專案導向的任務編組來取代長期性的事業組織。比如電影製作，可能牽涉到上百家公司的專業人員、獨立工作者，只在製作期間按照其任務需要組織起來，隨來隨去。像這種類型的專案，就需要有專門的管理人員（製片、選角……）來為每一位團隊成員個別量身設計「契約」（書面／口頭）來組織。在團隊成員多時，工作相當複雜繁重。因此，現在流行一種作法，將每一個專案登記為一個獨立「公司」來招募人員，制定契約，在會計、法律上都比較容易處理，權利義務也比較容易明定。

誘因設計

優秀的人才決定了創新的成敗；提供好的待遇才能有好人才；而對新創公司來說，現金流量就是一切，要能提供高薪實在是不可能的任務。

現金的限制也就形成了人才招募的限制。我們可以提供一些替代性的作法：

一、技術股：提供無償的股份（乾股）給重要的人才。優點是可以讓員工以企業擁有者的角度來思考；缺點是：沒出錢就不會覺得花錢心痛，招募來的人可能不會那麼在乎公司的營運狀況。

二、員工認股：撥出薪水的一部分來認購公司的股份。好比月薪10萬的人才，要求（或提供）他撥出一半來認購公司股份，那麼就可以有效降低現金的支出。缺點：如果對公司的認同不夠，可能不願意；創業家也會失去部分公司控制權。

三、選擇權：制定契約，承諾未來增資發行時，員工可以用某約定價碼來承購股份。這個方法很好，因為員工一定會努力工作，以求公司

成長、股價能超過那個約定價錢。缺點：沒有長期留下來打拼意願、或者極缺現金者，可能不那麼願意接受。

四、紅利：承諾撥出一定比例的盈餘，作為績效獎金。優點：專案型的組織也可以適用；缺點：創業公司可能沒那麼快有盈餘，恐被譏為畫餅充飢。

如果你所欲招募的人對公司的認同感不夠，又或者並沒有在公司長遠發展的打算，對他來說，以上的誘因設計都「不切實際」。反過來說，這類以目前的現金收入為主要考量的人才，不是新創公司所能負擔，也不應該是優先招募的對象。記住，認同你的價值理念者，可以為你每天工作16個小時，全年無休；不認同者，就只希望朝九晚五打卡領薪水，那等你成長得夠大再說吧！

虛擬團隊

在正式成員以外，創業家還可以組建外部團隊，來強化整體的戰力。包含下面幾種角色：

一、董事會與股東：這些人除了提供你營運資金以外，常常還能為你引入相關重要資源，如：人脈、團隊成員、合作廠商、支援網路。試想一個只僱三個人的小型創業團隊，董事名單中有臺灣首富，在整體的形象和戰力上，加分多少？董事會通常是奇數成員，以便決策。小型創業公司的董事人數：3/5/7就夠了。

二、律師、會計師與外部顧問：法律只保護懂法律的人，律師就是懂法律的人。財務、稅務問題最麻煩，會計師能幫你解決麻煩。經營上有許多疑難雜症，諮詢外部顧問是個好選擇。

這些角色通常還能提供一長串的成功商業人士名單，一個引一個，逐漸擴大你的人際網路。或許其中，就有你下一輪募資時的潛在投資人。

網路時代的來臨，使得真正的「虛擬」團隊變成可能。經營團隊的成員，無論內部或外部，都可能散布在世界各處，以各種通訊工具來連結，24小時無休的全球運作。這對普遍規模較小的文創工作者而言特別重要；我們既需要獨立的工作，又需要不同文化彼此之間的創意啓發。利用低廉的網路來連結，成了非常重要的經營方式。每個人都必須學習善用。

企劃職涯

　　「一日企劃人，一生企劃人。」企劃人位處文創活動的最核心 —— 重要的不是做哪種企劃，而是每種企劃拿來都要能做。要能做到這點，必須活到老學到老，終身學習，不斷求長進。

【講座】李欣蓉老師分享企劃職涯

　　李欣蓉老師，現職嗨森數位文創CEO

　　文化部「文創達人」加值競賽優選

　　曾任金星娛樂總經理機要祕書、臺北之音執行製作，從事企劃工作20年。

　　我從大三暑假開始準備托福考試，已開始填寫申請美國研究所的眾多表格。大四下學期，外系室友參加學校校園徵才，帶回一本徵才手冊，其中一項徵求的標題吸引了我 —— 音樂製作。由於我主修「應用音樂」，並非音樂系的主流，但比其他主修的同學有機會接觸錄音編曲，順利於校園徵才活動中，找到廣播電臺音樂製作的工作，這是我從預期出國留學轉向職場的重要轉折點。

校園徵才｜對企業的認識很重要

在17年後的今天回顧，求職過程實在有些「幸運」。

當時政府剛開放中功率電臺的設立，這家電臺即是第一波從地下電臺成功轉設為中功率電臺的新形態地方電臺，臺長大刀闊斧的僱用年輕人。在1997年，我的起薪是23K。而當時我對電臺一竅不通，連工作地點在哪？有些什麼節目？有哪些主要主持人？一概不知。現在看來實在非常失禮。在這個滿是年輕人的新電臺，製作大部分是臺語在地節目，主要廣告業務來自「活力久久久」，真是很趣味。當時節目部包含主管共約七名企劃，其中有兩人身兼深夜節目主持人。我們白天做餬口的臺語節目，晚上走興趣的青春路線。

不要問為什麼要我做？做就對了！

音樂製作做什麼呢？由於電臺草創，所有業務交件進來，沒有廣告製作預算，因此舉凡廣告配樂、撰寫廣告稿、單元配音、廣告配音什麼都要做。需要各式人聲，也是同事互相模仿幫忙，大家玩得不亦樂乎，也奠基了大夥在電臺生存的各種基本能力。在這個時期，電臺做了一個《快樂圖書館》單元，這個單元每天要介紹一本書。我的工作從音樂製作增加到單元主持人，錄音、配樂、找書、撰稿，累積了相當的閱讀量。「找書」其實是「要書」，跟出版社聯繫邀公關書，除了節省電臺的經費，更使電臺的圖書室有源源不絕的新書。有時主持人讀了某本書想要訪問作者，聯繫作者專訪也是我的工作。順道一提，電臺老闆競選立法委員，我們下班後得排班穿上競選背心，上街沿路發傳單，沒有加班費。

學長姐｜同事之有限資源無窮空間

電臺同事AMY被她的學長挖角至學長新創的網路公司。這個公司要在臺南設辦公室需要人手。AMY知道我的家人在臺南，便順勢邀我進臺南網路公司的媒體事業部。1998年，薪水30K。這個部門由Amy的學長，也是網路公司的老闆親自督軍，每天在網站的首頁要更新一篇在地的，或是世界性的專題

報導，這時候就用到了在《快樂圖書館》每日一書所練就的快手功力。網路公司老闆對錯字超級忌諱，這個對錯字的關注，直到今日確實受用無窮。

1999年中，家人陸續回臺北。網路公司同事黃大哥輾轉得知「臺北之音」電臺徵求執行製作人，我便在他的引薦下到臺北之音面試。面試我的是節目部的承經理，可能是電臺急需用人吧？她只問了我從網路公司30K到臺北之音26K，能不能接受？

臺北之音是許多年輕人的夢幻所在，26K？沒問題！

老闆永遠是對的

上班的第一天，要交接給我的前輩桌子一團亂，連可以坐下來寫字的空間都沒有。

「哇！這樣能工作真是太厲害了。」

沒想到她回答：「我之前的執行製作桌子就這樣，我到職一個月來根本沒時間整理。」

「一個月？妳就不做了？」

「妳試試看就知道！」她說。

主持人就是王偉忠先生，他當時也是臺北之音的總經理。他一進電臺，櫃臺助理就會廣播：「老闆到！」全電臺都聽得到。這時前輩的面色立馬刷白，原本喝咖啡、聊天的所有人各就各位。看大家的忙亂，我心裡確實有些膽怯。

進了透明玻璃的隔音辦公室，主持人說，「進來。」前輩就領著我進辦公室。大致跟主持人報告今天可以安排現場專訪概況，只見主持人說，「No.」「不好。」「再來。」「然後。」「還有。」總之一個早上準備的提案全數否決。這時的時間是下午一點半，距離五點的現場節目，還有三個半小時……。這一切，全由我一個人企劃，由我一個人製作。就這樣交接了三天，雖然總是摸不著頭緒，但每天下午五點的節目沒有開天窗過。我也利用這幾天把書桌及成堆的CD整理好，準備開始單打獨鬥。

主持人不太罵人，但每天每天的「No.」「不好。」「再來。」「然後。」「還有。」確實損耗了我的意志。約莫四個月後，終於在一連串的「No.」「不好。」「再來。」「然後。」「還有。」之後，我決定放棄了。

「我做製作四個多月了。雖然每天 on air 燈亮起來的時候，就覺得一整天的煎熬有了回饋，可是您要什麼？想做什麼？想怎麼做？我完全抓不到。」

他臉上「No.」「不好。」的線條忽然緩和，整個人陷進剛送到的骨董牛皮沙發，翹起腳來，「就一個主持人來說，實在不應該跟執行製作這麼說，但妳做得還不錯。」

好吧！臺灣A咖製作人都這麼說了，我摸摸鼻子走出辦公室，繼續我「No.」「不好。」「再來。」「然後。」「還有。」的日子。

戲棚站久了

2000年總統大選前，電臺人員縮編，因此我的工作負擔就加重了。除了原來的五點現場節目，又接了另兩個帶狀節目。過中午之後都在播音室，我沒在位置上就在播音室，沒在播音室就在往播音室的路上，大概是這個概念。那時候我還沒意識到我已經變成「比較大咖」的製作人了。

主持人鮮少走到工作人員的座位，有天他大概找不到我，就走了出來。

「X（消音），妳的桌子也太空了！」他說。

轉戰電視圈

臺北之音改組，主持人得知我要離職，詢問是否有意願到他的電視製作公司工作，從總經理機要祕書50K做起。這個工作須處理送案、合約、到請款結案等的行政事務。經手藝人經紀、節目外包、晚會承製等各式合約及執行細節，對電視製作生態有詳細的理解。

再現

2008年，我從臺南藝術大學音像管理研究所畢業，開始在家附近的大學兼課，教授「電影電視產業」。同年底創立嗨森數位文創。

嗨森數位文創初期是幾個對理財有相當概念的好朋友共同設立。在《開

心農場》興盛的時期，做了款暢銷的Facebook理財遊戲——《開心股神》，這個遊戲後來也延伸開發在行動平臺上架。利用開心股神的基礎架構，2014年開發《流氓兄弟投資銀行》、2013年開發《全球巨鱷》、《開心股神 Pro》。

在行動通訊APP在臺灣起步的同時，嗨森即做了《安心亞時刻》、《Hold住姊生活》、《明日書城》及《笭菁全集》等幾款有趣的APP。在開發APP的兩年裡，確實感覺到數位內容與行動通訊的商機。但更貼切地說，更確知APP的商業週期很短，開發商必須源源不絕地投入遊戲企劃、設計，到程式開發視覺設計上架。所有流程缺一不可，意味著需投入大量的金錢與人力，投入後能不能「中」一個，誰也說不準。

這年中秋，臺北老朋友來訪。聊著聊著，我又回到電視產業，做「戲劇經紀」。從戲劇企劃、故事授權、合約到執行，通通一手包辦。比起一般電視節目，要說戲劇是綜合藝術一點也不為過。

回顧這17年的職涯，其實沒有一天不在做企劃。無論是電臺企劃、網路公司媒體企劃、音樂製作、製作公司機要祕書或是數位文創公司負責人，需要的特質其實不出下面幾項：

1. 找到你的興趣、貼近喜歡的工作環境、喜歡一起工作的人，才能撐得久。

2. 面對一份新的工作，至少給自己四個月以上的時間適應。讓你真的認識這個工作，也讓工作夥伴認識你的能力。

3. 能做的到的絕不要說「這不是我的工作！」，不可或缺的能力往往是從雞毛蒜皮的事開始。

4. 在臺灣企劃工作常常需要在很短的時間內完成，盡可能的思慮周全，避免錯誤，無論是邏輯上的，抑或是錯字。

5. 紮硬寨，打死仗！——你的底夠硬，什麼仗都不怕了！

去哪裡學企劃？

全臺灣目前有數百個文創相關系所，企劃皆為核心課程。以下列出主要校系的企劃課程，供讀者參考：

表2　臺灣主要校系文創企劃課程

國立屏東大學	• 文化創意產業企劃實務 • 企劃寫作
國立政治大學	• 電視節目企劃 • 廣告策略與企劃 • 選舉文宣企劃
國立臺灣師範大學	• 設計策略與企劃 • 新聞企劃研究 • 演出企劃與製作 • 休閒活動企劃與評鑑專題研究
國立成功大學	• 不動產投資開發企劃 • 企業資源規劃與管理 • 展演行銷企劃實務 • 產品企劃 • 會計資訊系統及企業資源規劃
國立嘉義大學	• 腳本企劃
國立東華大學	• 休閒活動企劃 • 電影企劃與製作 • 廣播企劃與製作 • 繪本企劃與製作
國立暨南國際大學	• 企劃實務與實習 • 創意思考與企劃書寫
國立臺北藝術大學	• 電影企劃與遞案

國立新竹教育大學	• 學習科技企劃與知識管理
國立臺中教育大學	• 專案企劃
國立臺南大學	• 企劃與提案技巧
國立臺東大學	• 山林旅遊活動企劃與實務 • 休閒活動企劃與經營 • 企業資源規劃
國立金門大學	• 專案企劃與管理概論
國立臺灣體育運動大學	• 休閒活動企劃 • 企劃方法與實務 • 節慶活動企劃與經營
東吳大學	• 企劃文書寫作 • 廣告企劃與文學
淡江大學	• 企業資源規劃 • 全球文化行銷企劃專題 • 跨媒體行銷企劃 • 影視節目企劃 • 營建企業資源規劃
輔仁大學	• 企業資源規劃 • 企劃案寫作 • 多媒體策略與企劃 • 流行時尚商品企劃 • 活動設計與企劃 • 媒體企劃實務 • 電影企劃實務 • 廣告企劃 • 廣告專案活動企劃

敗戰處理

在「企劃工作方法篇」的最後，要和所有企劃人分享的是關於「敗戰處理」的心得。

要知道，企劃提案或參加比賽的成功率，其實是非常低的。（客戶主動要求提案的例外）

業界有「**十案九不過**」說法，投出去十個案子能成功一件，就算非常好了。

就連從事企劃數十年的前輩也不例外。他們比菜鳥還行的，只不過是更加會「選擇戰場」罷了 —— 能夠研判出哪些案子可以試試看，哪些案子根本不用試 —— 因此，提案成功率可以提升到還能接受的程度。就我自己來說，勝率勉強達到五成。

對新手而言，必須體認到，失敗乃兵家常事。企劃被打槍，沒什麼大不了。修正一下，重新再提就是了。我會建議學生，學學戰鬥機駕駛員。發射飛彈以後，他們總是「**射後不理**」（Fire & Forget）—— 提案出去以後，其實你能做的事很少（或根本沒有），何必多擔心煩惱？趕緊做下一個提案才是正辦。保持這種健康的心態，才能在企劃圈走得長長久久。

其次，尤其是在文創產業，**永遠不要在乎評論**。「你不能追求外界認可你的成就，作品一旦公諸於世，就無法掌控別人對作品有何反應。」[3] 企劃案送出去以後，生死（通過與否）就操之在人了。審美觀人人不同，青菜豆腐各有所好，所有的評審委員和客戶都只能憑他們一己所好來評價企劃案。因此，當他們的意見與你衝突，亂發議論時，大可當作馬耳東風即可，不必放在心上。永遠要記得，當不成藝術家才會變評論人。

當然，如果別人的意見有理，你應該虛心接受，並據以修正企劃，或者

3　《點子都是偷來的》，p.112。

作為下一次企劃的參考。但無論接不接受，總是要保持風度，**不要得罪人**。文創業界好小，走到哪裡都會遇到認識的人（或仇人）。你絕對不想一次失敗，終身失意，對吧？

好好搞企劃，開心玩文創！

只要你在圈內能找到立足之地，我們一定會在某個地方見面的。

習題

一、製作你自己的履歷表，看看有什麼不足的地方，認真誠實地寫下來，作為未來學習生涯的參考。

二、你想要進入文創產業中的哪一個圈子？為什麼？為自己企劃一下企劃人生要怎麼走？

企劃實務篇——文化創意產業應用

> 創意缺乏執行，只不過是腦袋的排泄物而已。
>
> ——王偉忠　製作人

　　影視產業可以說是「媒體與內容」產業的龍頭，也是整個文創產業發展的火車頭——文創產業的價值核心是「故事文本」，經過有層次的內容加值過程，由內而外，才會形成各級次產業。最內層是電影、電視……純內容產品。然後才有外層的混合型產品與服務；最外層才擴大到廣告、觀光、食衣住行創意生活等相關其他產業。因此，我們把影視內容企劃放在「企劃實務篇」的最前面。先學習如何發展以故事為核心的內容劇本（腳本）；然後才練習規劃整體的影視節目。

　　電影與電視這兩種媒體形式，雖然相似，但卻有細微的差別——劇情走向、拍攝手法、節目長度、表演方式……都不盡相同。再加上網路新媒體的衝擊，形式就更趨多元。詳細的分別，由於篇幅的限制，請參考《故事與劇本寫作》（五南出版）一書。在本章中，我們將分別談電影與電視節目的企劃，最後，則有實際的「電影電視」企劃作為範例。

電影企劃

　　目前華語電影圈的原創電影企劃大致以「時代」作為市場區隔。諸如《KANO》、《賽德克巴萊》、《一代宗師》、《狄

仁傑》等，以預設的年代或是歷史事件作為主題。有些電影從企劃階段就潛伏著以古諷今的使命，有些是歷史事件改編再現，有些則背負著較大的商業責任（賺錢），市場區隔的方式就更多元：針對女性市場的愛情文藝電影、針對長假檔期學生的喜劇、也有為了紅透市場藝人量身訂製的原創劇本。

　　無論上述哪一種電影企劃，通常電影公司在企劃開始之前，已針對市場需求及觀眾偏好的內容、整體方向有基礎想法。這個基礎將會影響電影公司找哪些人來參與這部電影的製作。在產業相對成熟的香港電影公司，多半屬於導演制的編制，也就是找來屬意的導演做適合的影片，一旦選定導演——整部電影的靈魂，就由他來建議適合的編劇，展開前製工作。

　　劇本展開初期，往往從「說故事」開始，這個步驟相當重要，有助於製片團隊對於這部電影的主軸更加清晰。製片團隊在劇本會議中會激盪出相當的基礎內容，也會提出這部分「像……一樣。」那部分「類似……」。這個「像……一樣。」「類似……」學問很大，你必須看過許多書、許多電影才能積累電影企劃所需要的內化能量。

　　首次劇本會議後，編劇將會根據企劃會議方向寫出一萬字上下的故事大綱。導演及製片將會針對故事大綱提出修正：包含角色的設定、故事情節的設定。明明是肉腳的丑角，應該長怎樣還是怎麼穿？要肉腳到底，還是要穿得像MIB似的反差。角色務實個性，是否帶有現實的冷漠？

　　故事情節需要加強愛情還是詼諧，還是又詼諧又愛情？是否要增加某些橋段加強肉腳的遜咖形象？故事前後是否有矛盾之處？還是在某場次埋伏筆（一杯不放檸檬的Tequila？）再現於劇末的原來如此。

　　第二次劇本會議之後，專業編劇就會修改概念，然後直接進到分場大綱，提高效率。分場大綱也就是故事的進階，把景（Where？）／時（When？）／人（Who？）各拍攝場次敘事書寫下來。分場大綱通常不會有對話，就是這場戲要講故事的哪個部分。若是有關鍵或適用的對話，編劇在這階段也會加進來。

分場大綱並不會詳細說明演員細微動作、表情或衣著，僅純粹就敘事流暢書寫，透過分場大綱，除了修正前述的故事大綱之外，也將使製片團隊開始評估與準備分場大綱內容所提及所需要的製片地點／道具／主要演員的敲定等。

進入劇本書寫階段之後的開鏡拍攝到後製，導演工作的分量就會增加許多。這時電影企劃就較偏向實務執行，從演員的檔期、拍攝地點的天氣／住宿／交通／治安情況，都要有所準備。若拍攝地點稍有危難，除了增加保險金額外，製片常常還會聘請保安於片場隨行。劇本的場次常常由於導演的解讀及現場的狀況而有所調整，因此實際拍攝出來的作品對照最後版本的劇本，仍時有不同的詮釋。

企劃階段，製片人幾乎不太考慮預算問題（這場戲用了2,000個臨時演員會不會太貴？出外景到蒙古要多少錢？）。在商業化電影公司的眼裡，有價值的內容可以有帶出更可觀利潤的機會，於是合理的預算常常是被視為合理的成本。

相較於香港電影產業，臺灣從業人員相對辛苦許多。我們總能在各式媒體報導讀到導演為了電影籌資的煎熬過程，拍到一半資金不夠的消息更時有所聞，臺灣電影產業在新浪潮之後，因種種因素而衰退。在有限的輔導金預算資助下，近年來雖稍有起色，仍難脫離小確幸及本土風格的桎梏。不確定的獲利及市場，導致相關從業人員工作流動性較高，也更不容易累積專業能力。

電視企劃

相較於電影企劃，電視企劃相對需要更高的「效率」。一部電影從無到有，從企劃到電影能上片，至少需要一到兩年的時間。相對而言，電視企劃

更搶時間。尤其是綜藝節目，從企劃到執行製作，忽地就做（大部分由於流行，比如鑑價節目），忽地就收（大部分肇因收視率）。電視節目企劃需要有強勁的意志力，天天面對數字的鼓勵或打擊——如沐春風或如履薄冰——常常只差在收視率的0.5%或1%之間。

　　電視節目企劃的工作相當繁瑣，初入行製作助理所要做的工作，可謂無所不包，只要是前輩交代的業務，小到買衛生紙，大到找一隻老虎，都是製作助理的工作範圍。另外，不建議詢問幾點上班、幾點下班，把握「比製作人早到，比製作人晚歸」這樣的原則就對了。

　　剛入行大概有兩大途徑，電視臺或製作公司。一般而言，初次參與製作通常是已經上線的節目，有前輩可以指點，有製作人可以頂天。企劃人員的工作便是在已經制定完成的單元，每週玩出新的內容。製作人會根據分段收視率調整節目內容，收視率好的沿用，差的改變或停用。此時企劃人員就會需要開始思考新的單元或執行元素，使節目更好看，留有一線生機。若收視率頹靡不振，最長不超過一、二個月，即會有停播的可能。

　　節目停播無論對電視臺或製作公司，都相當損耗預算，對製作人員更是意志力與元氣的消耗。節目停播前後，同組製作團隊就需要開始考慮嶄新的節目企劃，能無縫接軌是最佳狀態，否則一組人無所事事會相當心慌意亂。這時期常有人離職，就是從菜鳥升級老鳥的機會。

劇本是企劃書的核心

　　在文化創意產業中，我們可以找到舞臺劇、廣播劇、舞蹈劇、音樂MV、電視、電影、動漫畫、小說、繪本、電玩遊戲等，我們統稱為「內容」。這些內容在製作時，所必須參考的「企劃書」最原始的形式，就是「劇本」，又稱「腳本」。

劇本就是內容製作用的企劃書（Plan）。

劇本（Playscript）一詞，最早是由舞臺劇發展出來的。Play就是表演，Script就是腳本，合起來，是用來記載演出時所有大小細節用的紀錄簿，用現代術語來說，就是企劃書。

古時候娛樂不多，人們工作完畢想放鬆一下，走到廣場邊坐在舞臺下，看著演員在舞臺上扮演人生的喜怒哀樂，那就是戲劇的由來。然而，時至今日，各種媒體形式日漸發達，加上表演空間的限制，舞臺劇反而日漸式微，成為藝文人士孤芳自賞的表演形式。實務上，必須以經濟價值以及對社會的影響力來論重要性。於是，本書將把討論的焦點放在電影、電視、動漫畫、遊戲等以「螢幕」演出的戲劇，其劇本也就是Screenplay。

一份完整的電視節目企劃必須包含下列項目：

一、**節目名稱**：電視節目通常需有中英文名稱，但並不一定需要完全對照翻譯。比如《我猜我猜我猜猜猜》，英文名稱是「Guess, Guess, Guess」。

二、**節目主旨**：無論是戲劇或綜藝，書寫節目主旨往往能讓企劃人更貼近目標觀眾，是很重要的步驟。節目主旨越清晰，通常越可預期收視群。雖然節目主旨主要是頻道經營者（電視臺或視頻從業）才會看到，但有助於釐清你對節目內容或劇本的設計。

三、**節目內容**

（一）故事大綱（或節目企劃內容）

故事大綱：

劇情梗概、在哪個時空背景下、出現哪些人、會發生哪些事。

企劃內容：

單元設計、時間流線安排。

單元設計若文字不容易書寫，圖示也是個好方法。

（二）人物設定及人物關係圖

人物設定：

戲劇泛指各個角色的性別、年齡、性格、及生命歷程（導致發生如此的故事）。

綜藝企劃需提出相關幕前人員（主／次要主持人）建議名單及在本節目擔任的角色。

人物關係圖：

在人物設定後，人物關係圖有助於閱讀劇本人員更理解故事中角色之間的關係。如有預設演員，建議把演員照片與角色名字位置對應，使更理解劇情（人物）設定。

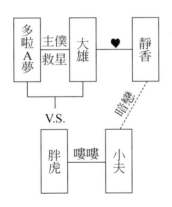

圖7　人物關係圖範例

（三）節目特色。

（四）表演風格計畫：在拍攝之前，對於參與演出人員的基礎表演訓練計畫。針對藝人特質或劇情需求制定表演策略的規劃，這項規劃對於現場拍攝效率相當有助益。

（五）空間美學計畫：對於戲劇內部陳設或是綜藝節目主舞臺的安排與設計。

通常會附上參考圖示（請留意著作權），綜藝類舞臺還可附加燈光／角落的設計與運用。

（六）音像及整體風格展現：戲劇方面，若能有事先的置入或適合的演員可協調音樂的創作，將使得戲劇整體性提升。

綜藝方面，除非是音樂性節目，一般而言在企劃階段較少考慮音樂的流線。

四、攝製進度

攝製進度乃是用在戲劇企劃為多。大致分下列幾期：

（一）前期

(1)演員確認、試鏡、劇本完成。

(2)演員定裝、讀本排練。

(3)勘景及陳設置景。

（二）中期：電視戲劇攝製進度通常不超過四個月。拍攝計畫少以場次先後次序為優先考量，而是以地點或是單一場次演員的組合來分段協調。這部分跟戲劇整體預算與演員檔期有關。

此外，在拍攝時期並不以「集」為單位來擬定進度，而是以場次量來預設進度。

比如說一集60分鐘的戲劇，約需30場次的劇本，若三星期要拍四集量，意思便是三星期至少要拍120場次的戲。〔30（場）×4集（量）〕雖然基本上不先考慮場次先後，但為了後期的剪輯方便，還是會儘量以集為單位。

（三）後期

(1)拍完5集量會開始前期宣傳。也就是剪接部分拍攝成品作為宣傳之用。

(2)剪接：分初剪與精剪。到此階段的剪接必須依照劇本或是導演的安排依場次剪輯。

(3)片頭、片尾曲、音樂、配音、動畫。

(4)審片修改：依據官方單位或電視臺意見修改部分內容。

五、製作預算

綜　藝	戲　劇
1. 人事費：包含主／次要主持人、單集來賓、臨時演員等。 2. 製作費：製作人、執行製作、美術陳設道具組人員、場務、後製等費用。 3. 場務費：各式交通費、道具陳設、場租、餐飲、影印、保險費、梳化、勘景等。	1. 演員費：包含主要演員、客串／特約演員、臨時演員等。 2. 導演製作費：製作人、導演、執行製作、統籌、行政出納、編劇、副導演、場記、美術設計、陳設及道具組、場務組、後製執行等費用。 3. 劇務費：各式交通費、道具陳設、場租、餐飲、影印、保險費、梳化、勘景等。

六、分集故事大綱（戲劇）

分集故事大綱乃由故事大綱發展而來。最佳劇本計畫有時會將故事破口（進廣告時間點）做好規劃，使觀眾不要轉臺。尤其若能把故事重要梗概鋪陳在最後，使各集連接之間有相當的黏度，促使觀眾明天繼續收看，就是專業編劇的能力。

分集大綱是劇本的基礎，需要相當的計畫及火候。若事先能將橋段設計好，進入劇本書寫階段，可以事半功倍。

七、前二集分場大綱／前二集綜藝腳本

戲劇裡分場大綱是基於分集大綱設定下書寫的劇本。分場大綱純粹就敘事流暢，以景、時、人來書寫或設計各場次的敘事內容。

與戲劇腳本相當不同的是，綜藝腳本乃是根據單元設計而產生的對

話或單元執行方式。以節目各個單元為單位設計適合的橋段或對話。

八、第一集完整劇本（戲劇）

戲劇的完整劇本除了故事敘事外，還肩負演員的梳妝、表演形式等。場景的時間地點說明，最重要的是角色間的對話。這些對話的設計將更能突顯角色獨特的人格。完整劇本除了是出資單位（電視臺或視頻）評估投資可能的重要依據，同時也是一線演員評估是否接受邀請參與演出的參考。因此，能具備一集完整劇本的企劃案，將更臻完備。

【電視電影企劃】《夢魘》

《夢魘》

2017年數位內容創意設計獎——放視大賞競賽　創意企劃類／電影腳本複賽入圍作品

作者：高若熏、吳文佑、陸韻淳、錢怡君

「電影電視」顧名思義是一種介於電影和電視之間的新媒體型態，可以想做「在電視上播放的電影」，也可以想做「以電影規格製作的電視節目」。通常會有一集以上，但很少超過十集；每集播放時間很少低於1小時，通常是電影規格的90分鐘左右。

（封面：案主、節目名稱、提案單位、聯絡資訊等，略）

（目次略）

節目名稱

【夢魘】

與幻覺共存，你敢不敢？

☝ 加上標語增強節目類型基底。

☝ 若能加註外文片名可增加企劃的「異國風情」，提高吸引力。

節目主旨

欣怡從小認為自己是平凡的人，為了脫離平凡的稱號，她開始模仿身邊優秀的人，最後迷失了自己。

☝ What　　在此描述故事概念，勿超過一頁篇幅。

長期以來，我們看到國外作品，例如：太宰治原著《人間失格》或者電影《辣妹過招》，描寫出普通人因羨慕而抹殺自我或者假扮出另一種外在性格，卻在過程中失去自我感受到內心掙扎……

☝ 利用耳熟能詳的著名暢銷作品，關聯到本企劃，可以迅速促進客戶對本企劃的了解，並建立第一印象。

節目內容

故事大綱

欣怡坐在精神病院走廊，但她卻不知道這是什麼地方，她為什麼會在這裡，甚至她連自己是誰也都不清楚。護士找到欣怡後告訴她，帶她回病房做檢查。

病房內住了一個強迫症的少女，若好，以及一位躁鬱症的大媽，透過他們的爭吵，欣怡知道自己似乎已經住在醫院許久……

（略數段）

☝ 為符合故事基調採用懸疑方式開場，更能營造整體氣氛！

☝ 故事大綱約1,000字。

人物表

欣怡　女　25歲

外表溫柔可愛，心地善良，性格堅毅但有點固執，好勝心強。從小認為自己是平凡的人，甚至連她的名字都很平凡⋯⋯

（略數段）

怡君　女　25歲

女主角假想出來的人物。漂亮的外表卻帶著大大小小的傷痕，不善與人交際，總是躺在病床上⋯⋯

（以下略）

人物關係圖（略）

節目特色

欣怡和將由目前當紅少女偶像團體「What's Up」⋯⋯

本劇影像風格獨具特色，類似著名導演史柯西斯⋯⋯

音樂將由國際配樂大師山本七十八⋯⋯

（圖文略）

👍 Wow!　　條列本節目特色。3 Pages.

製作進度（略）

👍 When　　表列各項時間進度，也可繪製甘特圖。

預算

電影長度90Mins｜實景拍攝｜多機｜1集｜含稅

演員費、劇組費、器材費、勞務費……

（試算表略）

👍 How much　　一定要用試算表軟體估計正確喔！

分場大綱

S｜1　時｜日　　　　　景｜籃球場
人｜欣怡、路人若干

欣怡在醫院裡回神，失去關於自己所有資訊。

S｜2　時｜日　　　　　景｜病房內
人｜護士

護士前往探視欣怡卻發現她不見。

（以下略）

完整劇本

S｜1　時｜日　　　　　景｜醫院走廊
人｜欣怡、路人若干

△護士及病人來來去去

△欣怡表情呆愣地坐在醫院走廊的椅子上，四處張望。

（以下略）

全劇終

節目效益

- 本劇探討之社會議題極具衝擊性……與收視群眾取向符合。
- 呈現時下年輕人的心理與外顯行為，易引起觀眾共鳴，可有效增加收視意願。
- 觀眾熟知之優質編導，多次獲得獎項肯定，陣容堅強，製作品質及效益可預期。
- 網羅廣受觀眾喜愛、實力派知名演員擔綱演出，卡司陣容堅強。
- 儘量舉出企劃的優點，吸引客戶買單。

預定卡司

欣怡｜許瑋甯飾（女主角第一人選）

（演員照片、簡歷、得獎紀錄等）

翔皓｜吳慷仁飾（男主角第一人選）

（演員照片、簡歷、得獎紀錄等）

（以下略）

👍 Who　　堅強的卡司是戲劇企劃成功的不二法門。

製作團隊

製作人　高若熏、吳文佑

（照片、簡歷、得獎紀錄等）

導演　　陸韻淳

（照片、簡歷、得獎紀錄等）

編劇　　錢怡君

（照片、簡歷、得獎紀錄等）

（以下略）

👍 Who　　製作團隊的成功紀錄很重要。

加值服務

（一）宣傳推廣

- 「卡司定裝記者會」：首波演員曝光，編劇及導演參與造勢，並預告新戲啟動。

- 「開鏡記者會」：本劇正式開拍儀式，並廣邀各界媒體參與，創造宣傳氣勢。

- 成立本劇官方社群網站、粉絲團，吸引收視族群與劇情的討論互動。

（以下略）

☞ How　　詳列具體方法。在客戶的期待之外另加Bonus，可大幅提高企劃的成功率。

習題

一、劇本是影視企劃的核心，請寫作5 min 微電影劇本。

二、將上面的劇本，擴充成一部電視電影的完整企劃書。

第9講　出版企劃

> 世界根本是本書，不外出的人只讀了一頁。
>
> —— 聖奧古斯丁

　　出版產業雖不是文創產業中產值最大的次產業，但無論是從業人數、內容重要性，都首屈一指。根據文化部的統計，臺灣每年出版四萬本以上的新書，這個數字，還不含許多未曾編碼上架的獨立出版、個人出版、電子出版……，與人口近兩億的日本相比，毫不遜色，可見出版產業的發達程度。

　　換個角度來解讀，出版市場也陷入了過度飽和的狀況。臺灣才2300萬人，平均每人每年才看兩本書[1]，總和大約每年最多只「消費」五千萬本書。再除以出版數量四萬本，也就是每本的平均銷量只有一千本左右。因此，業界常說，**出書非常容易，而賣書非常困難**。

　　更深入研究，出版市場是個標準的「長尾市場」[2]，以平均值來推估銷量，其實是嚴重失真。應該說，少數中的少數書籍，將成為暢銷書；其他大部分書籍的銷量少得可憐，接近於零。因此，出版企劃的重點，已經從「內容導向」慢慢地轉變為「行銷導向」，要多著墨於市場面，想辦法把書賣出去才是王道。

1　《臺灣出版業發展策略》，http://news.ltn.com.tw/news/life/paper/663854，檢閱日期20140817。

2　請參考《開心玩文創》。

6W2H

一份出版企劃，必須包括以下幾個項目：

Who? 作者簡介

作者的知名度對書籍銷路會有很大影響，知名作家有「死忠讀者」，不管出什麼書都會買帳。因此，除了姓名、學經歷等基本資料以外，也可以寫上過去曾出版的書籍與印量。

「一個作者一輩子可能只有一本書，但一個編輯一輩子可能得經手數百本書。」[3] 有些新手可能忽略這一點，甚至連自己的姓名和聯絡方式都沒留下，讓編輯根本找不到人。初次投稿時可在簡介中像個人履歷一樣向編輯推銷自己，像是過去的寫作經驗、曾經得過的獎、過去的作品、未來出版的計畫等。但千萬不要寫得「落落長」，畢竟編輯也是很忙的，將寫作的相關經驗簡明扼要述說即可，當編輯對你有了興趣後，才進一步介紹即可。

Why? 爲什麼要出版這本書？

「製作一本書其實不是編輯說了算，必須在有限的經費、時間限制下，和作者、設計師互相激盪腦力，才能把文字稿件做成一本書。」[4] 和前幾章提到的一樣，各行各業皆會牽扯到錢，出版一本書有成本的考量，讀者購買書也有他的考量，在讀者金錢有限的狀況下，市面上的「好書何其多，為什麼要買這一本？」[5]。沒有任何一個編輯知道什麼樣的主題才會受到青睞，但若

3　《飛踢，醜哭，白鼻毛》，p.182。
4　《飛踢，醜哭，白鼻毛》，p.78。
5　《飛踢，醜哭，白鼻毛》，p.126。

連作者自己都說不出要讀者買書的原因，那恐怕很難說服金主出版作品；也很難說服讀者拿錢買書。

Wow! 特色

作品和市面上已經有的書有什麼差異性，市場販售的可行性有多高等。「釐清書籍的特色，透過文案把這本書的優點放大。書介的格式可以參考網路書店的商品頁介紹。去看看與你相同類型的書籍擁有什麼樣的書介，然後好好參考研究一下。」[6] 當出版時，書腰文案常會直接點出書的賣點，可以參考已經出版書籍的作法，想想你的作品賣點是什麼。

Who? 目標讀者

為你的作品訂定目標讀者，可以找找市場上目前有什麼性質相近的著作，參考這些出版品針對的讀者是哪些人，有哪些潛在的市場，把這些寫進企劃中。例如你想出版一本浪漫愛情小說，就可以設定18-35歲的女性為目標讀者。未來出版時也會影響後續的包裝、行銷方法，例如可能會因為客群是年輕女性，就把書封用粉色包裝、贈送可愛的小玩物……來引起讀者購買。

What? 內容

- 書名：為書想一個名字，可以為暫訂。書名取得不好就很容易使人興趣缺缺，幾乎是整本書的成敗關鍵，有幾個取書名的方法：

  (1) 直接把內容主題作為書名，大部分的教科書都是這樣命名的。

  (2) 響亮好記，字數太長又拗口的書名，讀者連唸都唸不出來，自然也不容易被記得。

6　《飛踢，醜哭，白鼻毛》，p.233。

(3) 引起好奇心、新鮮感的書名，奇怪或特殊的名字容易引起讀者的好奇心，會想接著看下去葫蘆裡賣的到底是什麼藥。

(4) 用流行、有話題性的事物作為書名，像有時候某部電影竄紅，其他電影就會用類似的格式命名，一樣的道理也會用在書上。不過當用多了的時候，很容易引起讀者的反感。

- 目次：不是企劃目次，而是出版書籍目次。包括此書的大綱、這本書大概會有多少章節、預計會有多長的篇幅等。「如果確認了內文稿件，便可以編輯一整本書的層次，也就是把書籍的章節分配好。這個步驟可參考你心目中最愛書籍的目錄來執行。如果完成之後，覺得有點緊張，不妨在Word上模擬一本假書，列印出來問身邊朋友的意見。」[7]

- 樣稿：加入二、三個章節的樣稿，這樣就能知道整本書的性質或賣點。同樣主題會因為作者的風格而有所不同，可以先書寫一些樣稿，讓人能較清楚作者風格。「不要只因為你認為自己應該針對某個主題書寫，就去寫它。假如這個主題不打動你的心，你就會寫出很糟的東西。相反地，你應該寫你深感興趣的主題，即使對某些人來說，你感興趣的主題是不重要或不恰當的。你的知識、喜好與狂熱才是最重要的。」[8]

Where? 出版社

為稿件選擇一家合適的出版社。若你是投稿，請注意出版社的性質，大部分的出版社都有自己主要出版的方向，像是翻譯小說、純文學、愛情等，若你寫的是詩集，你卻投稿到一家專門出小說的出版社，那想當然爾被退稿

7　《飛踢，醜哭，白鼻毛》，p.233。

8　《自由書寫術》，p.193。

機率非常的高，最好找幾家和自己作品性質相近的出版社投稿。

When? 出版期程

包括寫作進度、編輯進度、行銷時間等。

企劃範例

以下就以本書最初的出版企劃作為範例來說明，你可以發現，最後你手上正在閱讀的書，已經和原始企劃相當的不同。

【出版企劃】文化創意產業企劃實務

文化創意產業企劃實務　施百俊著　for 五南

• 書名：《文化創意產業企劃實務》

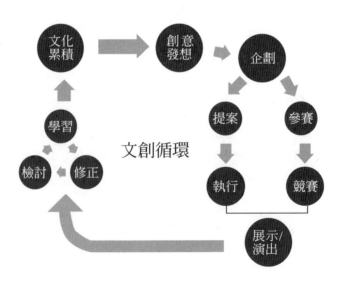

- 關鍵字：企劃、文創、電影、電視、戲劇、行銷、活動、會展、標案、競賽。

- 目標：企劃（Planning）是當今文化創意產業各項活動的核心。包括電影、電視、戲劇、行銷、活動、會展、標案、競賽……無一不需企劃。然而因為涵蓋面廣又沒有發展出系統化的程序SOP可供遵循，向來缺乏授課用的教科書，本書的目標即是滿足全國大專院校（文創相關系所558所，企劃均為核心課程）這項普遍需求。

- 特色：

  ■實務導向，針對文化創意產業各次產業提出企劃範例，馬上套馬上用，馬上可以拿來提案、參與競賽。

  ■介紹企劃人的職業生涯。

- 讀者設定：大專教科書（相關科系開課概況如附件〔略〕）、對於企劃寫作有興趣的專業或業餘人士、其他一般大眾。

- 需求：目前市面上，只有個案範例教科書，缺系統化的企劃寫作指導。

- 本書為教科書，系統化課程安排滿足一學期（3學分）上課需求，附教學投影片、範本、實例與解說（光碟／網站）。共分兩大單元，11章，全書約300頁。簽約後6個月交稿。

- 作者簡介：（略）

以下附章節大綱，略。

【徵件】文化部編輯力出版企劃補助

　　從2013年開始，文化部推出「文化部編輯力出版企劃補助作業要點」[9]，提供原創出版的補助。（篇幅所限，詳細辦法請自行上網查閱）裡面所要求的出版企劃書，項目包括：

1. 出版企劃名稱。

👉 書名或書系名，響亮易記為先。

2. 出版企劃內容規劃（包含但不限於書名、主題、內容大綱、作者及編輯團隊人員、發行數量、經費預估表【包括向各機關申請補（捐）助之項目及金額】及執行進度表），尤以附作者試寫稿為佳。

👉 主題是why? 以簡短一行以內的文字來呈現為宜。

👉 內容大綱是what? 呈現欲出版書籍的目次及章節規劃，以簡短的文字敘述各章節內容，不超過三行為佳。

👉 作者是who? 有名的作者太重要了，甚至會決定書籍的成敗。

3. 行銷推廣計畫。

👉 作書容易賣書難，行銷推廣計畫現在都是這類企劃的重點。常見的作法有作者的巡迴講座、簽書會、與經銷商書店結合辦理活動、上電臺電視臺打書宣傳、明星名人推薦……。多參考同類書籍的推廣作法，也可以多加入自己的創意。

4. 申請者過去實績（無則免填）。

👉 Who? 申請者是誰，在審查時很重要，這項通常很tricky，雖然說是「無則免填」，但沒有實績就會吃虧。所以，儘量把相關經驗填進去比較好。

---

9 請見http://www.moc.gov.tw/law.do?method=find&id=442。

一、你是文創產業的專家，開心出版社邀請你寫一本《文創產業概論》的教科書，請提一份出版企劃（2頁以內）。

二、請為本書申請「文化部編輯力出版企劃補助」，寫作出版企劃書。

第10講 **數位內容企劃**

關鍵不在於寫作技巧，而在於表達。
表達的主題如果夠清楚，故事的骨幹自然呼之欲出。
觀眾們看到的是伸展開來的綠葉滿枝。
腳本的要務就在於向下扎根，培養出粗壯結實的樹幹。

—— 宮崎駿[1]

在文創法中所定義的數位內容產業，「指從事提供將圖像、文字、影像或語音等資料，運用資訊科技加以數位化，並整合運用之技術、產品或服務之行業。」產值一向在所有文化創意產業的次產業中首屈一指。因此，業管機關經濟部特設「數位內容產業推動服務網」[2]，可以在網站裡面找到對於數位內容產業所想知道的各項輔導措施及相關資訊，建議大家應該花一點時間，詳細的了解。

數位資訊科技的應用無遠弗屆，也無法抵擋。也可以說，未來「所有的內容產業」，包括電影、電視、出版……都將是數位內容產業。如果要分項細論其企劃方法，本書勢必無法含括。因此，在本講中，我們將專注在其中兩大類，遊戲和App（Application，應用程式）。遊戲占了數位內容產業最大部分的產值，而App則是當前最熱門紅火的開發項目。

1　《出發點》，p.86。
2　請見http://www.dcipo.org.tw/。

遊戲企劃

　　一個遊戲的產生，需要有多元的人力參與：企劃工作室、出版商、專利許可與製造商，分別負責遊戲從無到有各階段的工作。過去遊戲需藉由發行實體光碟獲利，因此製造商及實體銷售通路很重要。近年來由於頻寬的改善以及遊戲開發製程的改變，實體發行的重要性減低許多。雖是如此，改善頻寬以方便使用者來取得資料，可大大提高其付費的意願。

　　遊戲企劃團隊工作大致有幾種：專案經理（PM）、視覺設計師、程式設計師、作曲家、聲音設計與測試人員。**而一個好的故事，往往是暢銷遊戲的根本**。從市場上永遠會出現各式跟「三國」相關的遊戲，便可窺知一二。請記得，文創以故事為核心。

　　從早期的單機PC遊戲、進化到以瀏覽器為主（如《開心農場》），再進化到更多元的遊戲平臺遊戲——從電腦銀幕跨出手機（如《俄羅斯方塊》），更多有從手機跨回電腦平臺的暢銷遊戲（如《憤怒鳥》）。無論在哪個平臺執行的遊戲，2014年的今天，所有遊戲企劃人員都不應忽略多元平臺的開發。因為，雖然有各式各樣的開發工具，但遊戲企劃的難度已經大幅提高，也同時縮短了遊戲的商業週期。

　　專案經理必須確保遊戲內容和專案目標一致，訂立遊戲基礎邏輯，並透過設計師創造出遊戲的原型（Prototype）。一般的遊戲都有襯底音樂，也需要與作曲家合作。此外，遊戲歷程產生的音效，需要專業的配音師。好的音樂與音效，將大幅提升遊戲的完成度及玩家黏力。

【遊戲開發】開心股神

　　《開心股神》的遊戲的原型，乃是由專案經理召集企劃人員、程式設計師和設計師，所共同企劃。一開始，只有概念的簡單圖示，並無實際內容：

　　與企劃團隊確認形式無誤後，將交由專業視覺人員設計遊戲介面，此階段將決定版面編排、導航與可用性，因此更需要確認整個遊戲細節及邏輯是否有衝突之處。

介面結合程式之後，即進入測試階段。測試人員需要以各種方式測試每個功能是否正常運作。通常測試階段末期，將會開放網址讓其他玩家一同參與遊戲。若沒有大問題，就會直接上線，開放玩家使用。

遊戲上線並不是企劃的終點，而是反覆修正的開始。上架半年之後，遊戲企劃人員將分析遊戲功能使用率，若使用人數太少，或根本沒有新玩家，就重新修正檢討，去蕪存菁，以提供玩家更友善的娛樂環境。

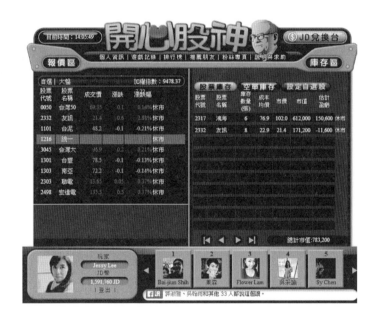

重度使用者評估

《開心股神》上架兩年後，資料庫後臺顯示，新增使用者並不多。專案經理開始企劃專為重度使用者服務的《開心股神Pro》。《開心股神》原選50種臺灣股票，Pro則可根據玩家的需要提供想關注的股票選項。

核心能力的再運用

依據相同概念，繼而企劃開發英文版的《全球巨鱷》，以及《流氓兄弟投資銀行》，皆是由《開心股神》發想而來。從《開心股神》一年的銷售分析看來，確定付費的消費者遍布全世界，勢必得開發英文版本，來取得更大的市場空間。後來，暢銷的事實也證明，遊戲企劃必須重視創新，才能銷售到全世界。

→感謝嗨森數位文創公司李欣蓉老師提供資料。

接下來，我們將以「4C數位內容創作競賽」中，遊戲提案組的徵件要求，來為讀者說明遊戲企劃書的製作要項。企劃書內容需包含遊戲設定（Game design document）、遊戲概念（Concept design document）。如為RPG類型遊戲，則須另附人物關係及介紹表、故事大綱、分集大綱、背景敘述等。

《鸞生》

2014 4C數位創作競賽——遊戲提案組入圍作品

作者：鄧之穎、吳宛芳、李名慈、郭鵑慈

鸞生

裊裊清煙，直達天聽

👍 Wow!

（目錄略）

緣起

　　線上遊戲種類繁多，但觀察後發現，在臺灣沒有以信仰文化為出發點所打造的線上遊戲。所以用臺灣風俗中的「乩童」為遊戲發想基礎，是全球首創。乩童的概念是神與人、人與鬼溝通的橋梁，而我們另外再加入大量中國的神怪故事（魔、妖、鬼、精怪等），讓整個創造的世界觀更龐大，也讓整個遊戲更有娛樂性。

　　遊戲名稱取為：鸞生。相傳鸞鳥是中國古代傳說的神鳥，是西王母的使者，負責帶來神明的訊息。故現在被神明附身的人，我們大都稱乩童或鸞生。神明會附身身上，寫出一些字跡，以傳達神明的想法，做出神諭。信徒通過這種方式，與神靈溝通，以了解神靈的意思。同時還有另一個涵義，鸞為鳳凰，意旨男主角想要重生之意。

👍 Why　　說故事。

　　我們認為臺灣的信仰文化，蘊含了臺灣發展以來，值得我們去記錄的事情。例如：臺灣歷史、臺灣價值觀、臺灣文化精神、臺灣現世生活的期望等。所以我們將遊戲的精神主軸融入傳統文化，像是我們在每日任務的設

計，就有人物作參拜的動作。再加上中國的神怪故事，達到一種融合的概念，讓玩家更享受在遊戲中。

因為考慮到遊戲客群的部分，在遊戲主軸中不只有戰鬥系統。我們還增加了模擬經營的概念（經營小廟）以及養成的概念（會經由等級不同，召喚的神靈外表會變化）。以打鬥、經營、養成為遊戲的精神主軸。

（介面設計圖略）

👍 美術風格相當重要，要把遊戲介面畫出來。

遊戲世界觀

世界共分為，人界、魔界、妖界、鬼界、仙界。一般草木精怪經過多年修行便可幻化成人變做妖，而妖可修仙也可入魔，人亦是如此。五界相互不干涉，雖然彼此之間沒有什麼封印結界隔開五界，但基本上五界是不會互相往來。

（略）

而在魔界其實會因為魔力的強弱，可分為有形體跟無形體。而那些低等的魔物若是想有形體，除了修鍊之外，另外一個方法就是食人快速增進魔力，也可有形體⋯⋯

（略）

煙華持有一座小廟，藉由小廟廣結信眾、夥伴，並蒐集「善緣」。一次次解決無數個令人匪夷所思的事件，卻漸漸發現這些由魔、妖所造成的事件中，似乎透露出某種警訊──導致五界關係失衡的陰謀正慢慢伸出獠牙準備撕裂這個世界⋯⋯

遊戲角色設定

煙華（男一）口頭禪：「活得久了，自然什麼都知道了。」

煙華，鬼族。人生只有短短二十年，但依舊希望能讓他以人的姿態去體

驗人間煙火繁華之處，故取名為煙華。

與生擁有靈瞳，所以眼睛會呈現紅色，能看見世界上所有種族，不論有沒有形體。因為與仙界關係密切，賜予靈筆，靈筆可以因煙華啓動而寫出神諭，告知煙華答案。而煙華可以靠燃符畫陣召喚不同等級的神明或神獸。而符咒部分有請靈符、指路符、五行咒等。

（印刷限制，人物造型彩圖略）

👍 提供造型彩圖，可以爲企劃大大加分。

曦月（女一）口頭禪：「不願蒼天不怨人，我命由我不由天。」

曦月，半人半魔。魔王和人類女子所生下的女兒。繼承了魔王一脈的祕數，就如同她的名字，太陽和月亮的交替——控制時間。

（略）

故事大綱

煙華一個人在聚仙宮禪坐，突然一陣陣的血腥味撲鼻而來。煙華隨即朝血腥味傳來的方向前去。小溪旁，一位婦人早已死去許久，那眼睛睜的極大，想必看到十分恐怖的場景。煙華燃起指路符，唸起咒語，為婦人魂魄指路，不讓她在人間徘徊。又看見旁邊的林間小路沿路都有血腳印，煙華不放心地前往查看。

隨即看到食人妖魔圍繞著一個女孩不放，女孩身上滿是血跡。雖然看起來身上中了很嚴重的傷，但那眼神透露著求生意念。煙華燃五行符畫五行陣召喚精怪，馬上衝入食人妖魔中。這群食人妖魔，是因為封印結界薄弱才偷偷跑出來，本身力量沒有強大到可以跟煙華對抗，一下子煙華就處理好這些食人妖魔，前去看女孩的傷勢。

（略）

遊戲訴求對象與市場定位

　　適合的年齡層為15-25歲的女性玩家。本遊戲屬於PC線上遊戲，主要吸引年輕客群，以及喜愛中國神怪奇幻類遊戲的玩家，特別鎖定喜歡遊戲內長相帥氣的男角色之女性，讓女性玩家沉浸在古風味的時空背景裡與各類角色作互動，並且遊戲內含有「經營小廟」的模擬經營遊戲，使得遊戲又增添另一種趣味。

　　（略）

　👍 Who　　請儘量描述市場特徵。

開發風險評估

　👍 請作 SWOT 分析。

優勢（Strengths）

1. 以臺灣風俗中的「乩童」為遊戲發想基礎，是全球首創。

2. 遊戲涵蓋臺灣、中國神怪文化，使得遊戲更有豐富度。

3. 精準鎖定客群，抓準小眾胃口的心。

　　（略）

開發時程設定

　👍 When　　請作甘特圖。

項目／時間（月）	2	4	6	8	12	14
遊戲構思	████					
資料蒐集	████					
劇情腳本	████					
美術構想		████				

人物設計		■	■				
場景設計		■	■				
配音配樂		■	■				
介面設計			■				
程式編寫				■	■		
遊戲後製				■	■		
內部測試					■	■	
公開測試						■	
正式上市							■

App 企劃

　　行動通訊熱潮方興未艾，以後的內容取得，必然朝著「無所不在、無時不能」（Anytime, Anywhere）的方向前進。因此，行動裝置App的企劃開發，已經成為所有文創產業所必須面對的重要課題。

　　雖然銀幕縮小了許多，並不表示App的本身變得容易。主要是由於「使用情境」大不相同。因此，企劃人員評估App開發時，可以就以下方向來思考：

　　一、如何在不同的行動平臺（iOS/App Store, Android/Google Play）上架；如何取捨先後次序？

　　二、各平臺App開發時，使用的程式語言完全不同，需要不同程式專長的工程師。

　　三、收費方式的評估：(1)從下載遊戲收費，或(2)遊戲幣的兌換收費。(3)其他收費方式。

　　四、遊戲介面的取捨：由於行動通訊平臺的銀幕與一般電腦銀幕尺寸差

距很大，操作方式非常不同，從有鍵盤、有滑鼠到銀幕觸控。App企劃必須更清楚遊戲在行動平臺操作的方式及邏輯。

五、行動App與網頁遊戲的差異，除了顯而易見的銀幕尺寸、操作方式之外，許多手機本身的功能如：照相、定位打卡，都是透過電腦操作的網頁遊戲所沒有的。因此App企劃人員最好能巧妙地運用這些功能，使APP更吸引使用者下載。

六、App行銷：根據蘋果公司新聞資訊，2014年1月上架的應用程式為100萬款，消費者 2013 年於 App Store 消費超過 100 億美元。[3] 從這些基本數據就能理解，APP商機無限卻也海量上架。如何從100萬款遊戲中脫穎而出，行銷便是相當重要的關卡。行銷學問大，也有很多專書可以參考，能在數位環境下成功行銷的企劃，將會是遊戲公司很重要的資產，若想於遊戲企劃領一片天，行銷能力是刻不容緩的培養要素。

(1) 初期以免費下載並贈遊戲點數為號召，並在各大App交流網站交換廣告或購買廣告。

(2) 社群網站粉絲團或社團的設置。在今日粉絲團如此眾多的市場，通常行銷貼文很容易被淹沒，加上Facebook開始漸少粉絲團對一般使用者的顯示，因此若Facebook使用者是此款App的大宗客戶，在社群網站增加廣告預算勢必不可避免。

七、使用者經驗與客戶服務

(1) 企劃人員時常同時扮演客戶服務的角色。無論從郵件的服務或是從電話的聯繫。從使用者來信可以得知使用者對這款App的使用經驗或是理解。

(2) 定期App更新。一般人除手機內建程式外，就算付費下載新的

3　《2013年App Store銷售額超過100億美元》，https://www.apple.com/tw/news-room/2014/01/zhTWAppStoreSalesTop-10Billionin2013/，檢閱日期201409。

App，沒有建立使用習慣App常常會被遺忘，甚少開啓再玩（也就是可能不會再付費的使用者）。App更新將會透過平臺通知使用者更新，提醒使用者App的存在。

(3) 觀摩其他App的活動，尤其看看在下載排行榜上的遊戲，觀摩其粉絲團通常也會有一些收獲。

回到數位內容的核心概念：**穩定的技術能力、好看宜人的畫面、內容是王**，是不變的準則。

【範例】開心股神App

《開心股神》（嗨森數位文創www.hisam.com.tw發行）於電腦平臺使用者穩健累積的同時，行動通訊開始流行，於是，便開始企劃App。

一、遊戲企劃及程式設計師確立遊戲流程：

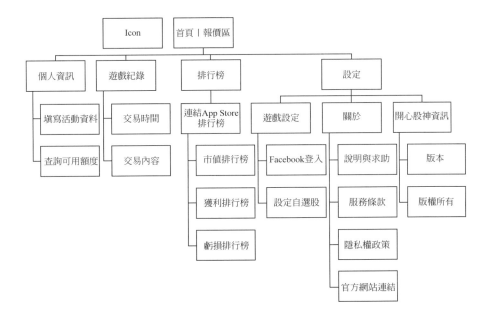

☝ 這是內部溝通的需求，畫出流程示意圖即可。

二、確立遊戲各階段顯示的資訊，並清楚的圖解各部分功能。

☝ 視覺元件很難用文字說明，要儘量以圖形輔助。

三、與程式工程師確認可能的形式及可行性。提出所需圖檔清單及尺寸。

編號	名稱	用途	尺寸規格	說明
1.	Icon.png	Launcher icon	512×512 詳細規格如Table 1	圖示四邊 為圓弧形
2.	Default.png	iPhone App Launch後第一個會顯示的圖片，通常顯示公司Logo	640×960 （Retina） 320×480	
3.	ButtonX4	遊戲畫面下方選單按鈕： 個人資料、遊戲紀錄、排行榜、設定	115×115.png	

4.	整體底圖	遊戲中整個背景畫面的底圖	全畫面： 640×960.png 遊戲畫面： 640× （960-Button選單高度）	
5.	標頭圖	上方的標頭圖（個人資料、遊戲紀錄、排行榜、說明與求助）	依照設計	

四、交付美工製作App專用圖檔；程式設計師同步開始撰寫程式內碼。

五、程式與視覺套用，進入內部測試階段，提出修正意見。

　　從《開心股神》於蘋果App Store版本圖示就可以發現，行動平臺的遊戲需要更簡潔的介面，因而需要設計更多層次的遊戲流程。

六、開發期程

由於《開心股神》原有網頁版本，且屬於益智類遊戲，因此：

(1) 在企劃階段花較少的時間。

(2) 部分程式概念相通。

(3) 視覺設計比重較低。

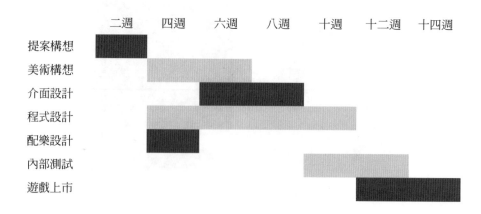

七、衍生其他相關產品

 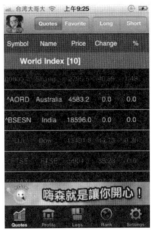

八、付費方式

　　本遊戲初期為免費下載，藉由玩家兌換遊戲點數來維持營運成本。但由於玩家一登入開發者即發生頻寬成本，後修正為須支付遊戲費用方能下載。蘋果系統下，僅能以信用卡付費，而在電腦介面及Android系統遊戲付費機制，則有相當多元的付款方式。

九、檢討修正

　　常見到App客服來信，雖然大部分讀起來很負面，但基於「嫌貨才是買貨人」的基本信念，內容不出下列這些：為什麼要付錢？為什麼我付了錢卻不能玩？為什麼我看到蘋果賣30元，安卓卻要50元？上述這些客服信件通常來信標題是髒話。所以企劃人員需有相當的耐心及自我情緒調解的能力。

　　那麼，都沒有正面的來信嗎？有！

　　辦活動的時候，比如來信送點數。或是給App好評即贈實體贈品，這時候如雪片般飛來的信件標題大都帶著笑臉，信末祝你健康快樂，附註還拜託

你一定要讓他中獎。由此可見，規律的舉辦與使用者互動的活動，是很必要的。

企劃人員偶爾也會收到使用者來信說：「謝謝你開發這麼有用的遊戲。」雖然很少發生，但也可以讓你開心一整天。

→感謝嗨森數位文創公司李欣蓉老師提供資料。

 習題

一、依照「4C數位內容創作競賽」中，遊戲提案組的徵件要求，製作遊戲企劃書乙份。

二、設計一款App，利用Powerpoint繪製介面與流程。

第11講　策展企劃

　　絕不要直接告訴我們一件事，如果你能夠把它展示給我們看的話。

　　　　　　　　　　——史蒂芬・金（Stephen King, 1947-）[1]

　　「策展」（Curation），顧名思義，是策劃各式各樣的展覽和演出，在文化創意產業中，屬於人人都要學會的基本技能。展演需耗費的人力、物力、財力都相當龐大，如何投入資源並妥善利用，就考驗策展人提供觀點、布置展品以及傳播行銷的能力。

6W2H

What?

　　策展的本質，就是提供觀點、篩檢資訊。一場展演最重要的是觀點——展覽的主軸或核心是什麼，你想傳遞給觀眾些什麼事？確定展覽的方向，才好開始考慮後續內容的架構。「引起觀眾好奇心的主題，將相關資訊去蕪存菁，建立起讓觀眾信任的內容品牌，更進一步創造全新媒體型態。」[2]

1　《史蒂芬・金談寫作》，p.206。
2　《策展人～好奇心戰勝一切》，http://www.bnext.com.tw/article/view/id/26525，檢閱日期20140828。

Who?

展覽針對哪些人，例如兒童、青少年、情侶、學者等，鎖定目標後會讓發想更為容易。鎖定客群在行銷時也能較容易執行，像是網路行銷時也較好聚焦在特定群眾上。若是藝文類展演就直接到藝文網站、運動類展就直接到運動網站，比起一般的旗幟海報，這樣鎖定群眾的方式反而能找到更多真正有興趣且可能前往觀展的人。

在數位時代，任何人的行為都可能引起風潮，成為一個策展人。相關的執行單位、組織者也一併寫在這。策展團隊可說是整體呈現的關鍵，會關係到展覽最後成形的樣貌，應審慎的分工。「策展人要做的事不是傳統意義上，把美術館現有展品排列組合，而是展示一個新觀念，或讓觀眾藉著他對藝術家及其作品的安排和調度，有新的認識，創造性就開始產生了。他在過程激發、統合藝術家的藝術，變成藝術家的藝術家。」[3]

Why?

想做這個展覽的背景、目的是什麼，想藉由展覽帶給參展者什麼，例如你是讓人們了解某個偉人的生平事蹟、傳達某些概念等原因才想舉辦這個展。李安就是一個Excellent的策展人，他不只發掘好的概念（故事），還懂得尋找各種相關配套元素（編劇、資金、演員、電影公司），最後還要以導演的身分，將所有的元素整合在一起，把對的感覺呈現出來。「整合」才是關鍵字。

誠品是另一個策展人的典範：成功地結合東方與西方元素，和書籍與非書籍商品，以「文化」作為將所有元素串連在一起的主軸，配合各種「故

3　《PAR表演藝術雜誌》252期，2013年12月號，pp.100-103。http://blog.xuite.net/chin-yachun/blog/192847191。

事」（導讀、演講、活動），其他人雖然想模仿，但就是做不出那種味道。別人只是販賣書籍，誠品卻是文化的橋梁。[4]

Wow!

「策展就是策展人『提供觀點』的行為，從資訊洪流中，基於個人的價值觀與世界觀篩選資訊，賦予意義並與眾人共享。」[5] 找出展覽和以往辦過的展覽最與眾不同的點，亮點會是造成媒體報導或參展者參與的關鍵，放大這個亮點並行銷它。

再次強調，觀點是最重要的。所有的展演都一樣，必須收斂在策展人獨特的觀點上，而由這個觀點再發散出去。缺乏觀點的展演一無可觀。

How?

「每一個數位世界策展人，一定都具有某些議題或知識類型的專業，而他又是數位世界的活躍者，他替大眾過濾、理解、閱讀訊息、挑出某些訊息，然後重新整理、排序、提出觀察及閱讀角度，讓讀者進入正確的閱讀情境，這是內容（Content），給予文脈（Context），是策展的第一步。

接著策展人要對這些原始資料，給予他個人的解釋或意見，這是評論（Comment）。最後策展人要對整個內容、事件、議題等給出清楚的結論（Conclusion），到此為止，就完成了策展的前置工作。」[6] 你想展出什麼內

4　《肯定有前途的行業：策展人！》，http://www.businessweekly.com.tw/KBlogArticle. aspx?ID=2891&pnumber=3，檢閱日期20140829。

5　《三秒鐘搞懂策展Curation如何做》，http://www.circle.tw/marketing/3-sec-curation. html，檢閱日期20140826。

6　《策展人策展什麼？》，http://www.bnext.com.tw/article/view/id/26700，檢閱日期 20140827。

容和參展者分享？是實體商品或是虛擬的服務，可以展出的內容可以說是包羅萬象，可以是一幅畫、一個人、一部電影等。展出的來源也可一起附上。

要如何呈現？把展品放在觀眾眼前、AR實境、播放影片等，不管是什麼樣的表現方法，都不要忘了「故事」，比起一個無聊的展示品，輔佐上有意義的內容，反而更能吸引觀眾，像是歷史文物，光是放在展示櫃中非常的無趣，但若能搭配他過去的創造歷史、名人故事、有趣傳說，將能更加吸引人。

展覽除了展示品外，情境也相當重要，將你的展品和空間做結合，設計出一個合適的情境，無論是內部空間、氛圍、設計等都屬於情境。例如鬼屋，有的時候鬼明明不怎麼可怕，但你看到了黑漆漆的空間，又播放著女性尖叫聲，就可能不自覺得害怕了起來，若是將情境設計的溫馨明亮，無論裝扮的多可怕的鬼，恐怕都只會惹你發笑。

展覽動向：展覽的進行方式，這也是一種說故事的方法，根據你所要傳達的內容，讓參展者隨著你的故事欣賞這個展，像是畫展很常看到會從畫家的生、老、病、死依時間軸排列，或是畫家每一時期不同的表現手法來分類。

導覽員：展場是否需要導覽員，可考量你展覽的內容和性質，例如畫展，通常在展場中並不會詳細的說明畫家的生平和每一幅畫的特殊點，展場中可能會有語音導覽或是導覽員，會「說故事」的導覽員就能使展場更為豐富、有趣，在導覽員的安排上，需要事前的講習和導覽的訓練。

行銷：策展單位常用的宣傳方式也不外乎電視、報章雜誌、車體廣告等，然而這些都是不小的經費，尤其電視廣告的刊登通常是以秒計價，而現在多用社群網路方式傳播，網路最大的優點就是能二十四小時且沒有地域限制，透過社群皆能直接且快速的傳播。

Where?

展覽地點都會選在大都市或交通便利的地點。容易使人潮聚集並達到效果。不過在現今展覽的地點早已不再只有實體地區了,不少機關也都建構了線上導覽的系統,讓觀展者在家也能看展,例如故宮博物院的數位典藏庫、wondershow玩秀網。網路就是一個很好的策展地點。

When?

訂定展覽開始的日期外,從策劃、場布、行銷、執行、撤展等環節都必須訂定,擬定確實的時間期程。

How much?

人力、物資都必須計算成本,經費常常是影響展演豐富度的理由之一。經費不足時,可尋求政府、相關機關、贊助單位的協助。若收費入場,也能將收入加入經費預算中,考慮展覽是否能達到損益平衡。建議以表格方式陳列,方便計算與閱讀。

企劃範例

【藝術展覽】「21×29.7」:在地藝文產業展

本企劃為屏東大學文創系申請「教育部藝術教育補助」案所撰寫,用來說明一般藝術類展演的策展企劃格式。

「21×29.7」：在地藝文產業展

辦理沿革（理念）

　　「文化創意」目的在於將傳統的文化加上創意的巧思，再一次的賦予新價值和嶄新的風貌。屏教大文創系在屏東已經深根十年，藉由多元的課程及跨領域的結合，不僅僅啟發學生更多的創意之餘，還強調加入與在地產業及文化資源做更深入的合作，期望達到產學間的結合，創造雙方互惠的雙贏局面。學生不單單只是單純的造夢者，而是成為夢想的實踐家，將跳脫平面的框架，不再紙上談兵，透過課程走入社區、帶入文化、實踐創意，將漫天的想像化作具體的行為，轉化成為最真摯的感動。當學生從中探求真理、發揮創意的同時，才能真正落實受教育的真諦，回歸於教育的本質——「服務社會」，讓A4企劃書不僅止於書面的呈現，而是賦予文化溫動和人的情感，展現出最真誠的成果。一個呈現在地文化、實現創意、結合藝術的展覽平臺，將是屏東文創產業及教育發展拓展觸角的開端。

實施對象

　　全國對文創產業、在地文化、藝術領域之熱情之民眾，全臺之大專院校之學生。

辦理時間

　　103年5月2日（五）至5月11日（日）

地點

　　高雄駁二藝術特區

活動內涵及實施方式

「21×29.7」以2D平面轉換成3D立體的概念而生，呈現文創系跨領域的課程教學與在地文化實務之間的結合，學生透過所學之知識，實際運用於當地，讓夢想不僅僅侷限於21cm×29.7cm的A4平面紙裡，而是在現實的空間中，盡情地發揮無限的創意，實踐企劃書中平面的概念，轉換成具體的行為，幫助屏東在地、展現當地文化特色，發展獨特的文化創意成果。

傳遞屏東在地特色的展覽，以深厚的教育目的作為出發點，運用40坪的展覽空間，營造出不同面貌的文化及最單純的感動。透過多元的課程引導，帶入文化內涵，並將創意實現於生活之中，藉以企劃實務看見「專業的屏東」，以數位影音展現「躍動的屏東」，以社區營造體驗「樸實的屏東」，以行銷規劃創造「新穎的屏東」，以田野訪談認識「傳統的屏東」，經由不同表現手法的作品，呈現文化創意與實務經驗的完美結合。

策展期間月程表（略）

☝ When 　　詳細以甘特圖來標示各項工作的進程。

計畫參與人員名單

策展團隊，主要從事整體策展規劃。

（姓名、簡歷、照片……資料略）

展覽團隊，提供此次展覽所需的展覽作品，將文創所學結合在地藝術的運用，以兼富教育意義及展現文化內涵之成品，呈現於展覽之中。

參展作品分類

類　別	搭配課程規劃	內　容
繪本	文化產業企劃實務	搭配228紀念繪本比賽，以規劃繪本內容及定位目標客群、規劃從故事劇本之內容至繪本輸出的過程以提升實戰經驗。

影音	社區營造及地方文化產業 人類學調查方法 數位影音	透過拍攝微電影、短片、紀錄片，以及參與比賽累積實戰經驗的形式檢視作品的可行度、提升表達自我、行銷在地文化及影音工具，藉由拍攝的角度及影音觀看的角度企劃並完整呈現影音作品。
企劃	文化產業企劃實務 社區營造及地方文化產業	熟悉文化創意產業各次產業（15+1）的主要經營活動，實習各類經營活動的企劃並發表呈現。
平面設計	基礎設計 文化產業企劃實務 社區營造及地方文化產業	主要為各課程規劃所累積之能力及藝術培養的成果展現，透過美學、藝術涵養的累積，展現技能的實務性，給予作品有實體的樣貌作呈現。
社區營造	社區營造及地方文化產業	透過實地造訪社區的方式給予社區協會新的建議，或是探討社區營造的過程是否有需要改進之處，並製作影片、提案行銷社區之企劃書及規劃社區旅遊的提案書……。

（參展小組名單略）

預期效益

　　屏東具有相當不同的樣貌，或許曾聽聞：「屏東是文化的沙漠」，但不可否認這個城市卻擁有相當豐富的資源、多元的種族及文化背景，透過文創系與在地緊密的結合之下，有著豐碩的成果，藉由文化資源的呈現、在地產業行銷的結合、社區營造的合作等元素，將不一樣的屏東以「21×29.7：在地藝文產業展」作最真摯、最感動的呈現於國人之眼前，並達到教育賦予受教育之人關懷社會的核心概念，在文化沙漠中注入創意的綠洲，實踐A4紙上

的夢想，大步向前表現最獨特的屏東之美。這就是達到教育的目的在培養學生之獨立思考、判斷之能力，在追求知識的同時，更能了解並以其專業技能回饋社會。藉由參展南臺灣第一大的青春設計節設計盛會，秀出屏東，並以最特有的屏東當地文化資源、純樸的精神，帶入原住民、客家、閩南等文化意念，展現產學間最密切的文化、藝術、產業的相互交流與成效，達到推廣在地特色的目標。

會展（簡稱MICE），就是含括會議（Meetings and Conferencing）、獎勵旅遊（Incentives）、展覽（Exhibitions）與活動（Events）。會展策劃涉及不同範疇，從最初的主題構思、行銷企劃、協力廠商接洽、視覺計畫與場地及室內設計工程，乃至於招商及推廣，實為企劃、設計與行銷管理之結合。[7]

【MICE企劃】航空服務體驗展 IN THE AIR

《航空服務體驗展IN THE AIR》
2014全國大專院校創意MICE企劃競賽企劃書組第三名
作者：鄭宇傑、陳致穎、鄭妏卉、葉羽凌、許雅舒
（封面略）
（目錄略）

展覽源起

從搭上飛機的那一剎那，便開始了一段旅程。航空公司就像是一個國家的門面，除了是旅客飛行體驗的服務提供者，更是國家文化特色的傳遞者。

7　維基百科，http://zh.wikipedia.org/wiki/%E6%9C%83%E5%B1%95，檢閱日期 201408。

透過航空服務人員的服裝、飛機食物等服務體驗，讓旅客可以更加了解到該國的文化。藉由舉辦多國航空公司的博覽會，讓民眾一次體驗多國文化特色，增加出國意願。

展覽目的

- 藉由展場活動，讓社會大眾體驗各國特色文化

航空公司是一個國家的門面，從航空公司所提供的服務、美食、服裝都展現國家的形象。本次展覽邀請的航空公司有些在臺灣並沒有設點，有些則只有飛自己國家的國內線，一般民眾並沒有機會搭乘，遂藉此展能讓普羅大眾以短短的時間接近不同的機艙體驗，促進想要出國旅遊的慾望。

- 讓民眾擁有不同等級的飛行體驗

一般民眾搭乘飛機有大部分會選擇坐經濟艙，較為便宜划算，但是否想要試試當大老闆、體驗一下頭等艙的享受呢？我們藉此活動，以少少的門票費用，就可以一次體驗頭等艙的高級服務，吸引民眾參與。

👍 What? 條列式說明。

展覽規劃

旅遊，是現今很多人釋放壓力、自我充實的方式之一，但除了平時搭乘的經濟艙，普羅大眾很少、甚至不會進入頭等艙，希望藉此讓民眾能享受頭等艙，使其認識各國飛機文化、增加對搭飛機的興趣，進而使大家增加搭乘飛機旅遊的慾望，達到行銷航空的效果。本次展覽分為平日活動和假日活動，增加假日人潮，並且提升回流率。

基本介紹

一、展覽期間：2016.05.28（六）至2016.06.12（日）

（日曆時程表略）

開展時間：2016.05.28（六）10：00

二、地點：臺大體育館三樓（臺北市大安區羅斯福路四段1號）

三、門票：門票的形式以一般機票的樣式作為改編，右邊欄則是抽獎券，其中右下角有個「你最想要去哪裡」的填寫欄，給民眾填寫。

IN THE AIR AIRLINES			Lucky Draw Ticket 抽獎券
IN THE AIR 航空公司			
序號 SEQ NO. 000000000000001			序號 SEQ NO. 000000000000001
日期 Date 2014.05.14	航程 Route 世界旅遊	登機時間 Boarding Time 14：00	日期 Date 2014.05.14
注意事項 Notes 1.一票限一人搭乘。 2.限當日搭乘。 3.不限里程數，隨興瀏覽各國。 4.請仔細填寫內容。 5.因不可抗拒因素，主辦單位有權更改獎品內容。			你最想要去哪裡? Where do you want to go ? 我想去_____

👉 門票示意圖，簡報時當場給評審看，帶來相當大的驚喜。

票價一覽表

全票	300元	
半票	250元	軍警人員持有證件者
		學生（憑學生證）
		兒童（12歲以下，攜帶身分證）
		因公撫恤，持有證明者
		65歲以上年長者，憑國民身分證
		領有身心障礙手冊者
備註	團體票（20人以上）享有八折優惠	

空間規劃

　　一、場地介紹：此次展覽館會以機場的形式作為規劃，售票口為領取機票的地點，大門是以登機口為主。規劃航空公司一個展區，每一個展區由航空公司自行規劃與設計，展區內容主要分為幾個部分，分別為影像導覽區、頭等艙服務體驗區、美食體驗區、國家與航空公司特色介紹、航空攝影棚。

　　1. 影像導覽區：一進入展區內，先來到影像導覽區，以影片、登機口白的方式讓觀眾感覺正在搭乘飛機，為航空之旅拉開序幕。

　　2. 頭等艙服務體驗區：此區為頭等艙體驗，展區空服員會將每個觀眾當作大老闆，享受尊榮級待遇，體驗不同於經濟艙的體驗。

　　3. 美食體驗區：飲食，是國家最能觸動五感的方式，而航空公司所呈現的飛機美食更能讓大家看見各國文化特色。

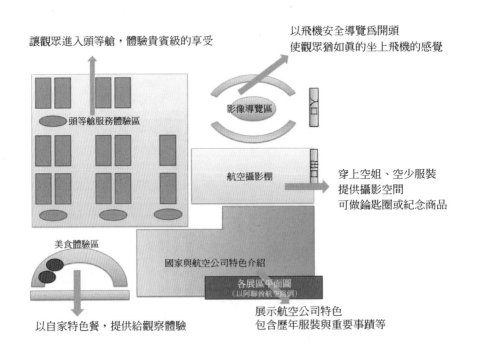

讓觀眾進入頭等艙，體驗貴賓級的享受

以飛機安全導覽為開頭
使觀眾猶如真的坐上飛機的感覺

頭等艙服務體驗區

影像導覽區

航空攝影棚

穿上空姐、空少服裝
提供攝影空間
可做鑰匙圈或紀念商品

美食體驗區

國家與航空公司特色介紹

各展區平面圖
(以阿聯酋航空為例)

以自家特色餐，提供給觀察體驗

展示航空公司特色
包含歷年服裝與重要事蹟等

4. 國家與航空特色介紹：航空特色區不僅介紹航空公司內部特色，也會介紹到此航空公司的國家，另外在此展區還有規劃出文創商品商店，讓航空公司擺放國家特色商品，供民眾購買與收藏。

5. 航空攝影棚：一般空服員的服飾並不可以隨意借用，也不能隨意上傳相片，而此區能讓大家試穿各國空服員的服飾，並且會為你拍下美麗的照片，可以印製鑰匙圈、馬克杯等紀念商品，為一連串的旅程劃下句點。

6. 舞臺：舞臺造型以行李輸送帶的形式所設計，後面的大螢幕會播放有關參展航空公司的簡介與相關照片。

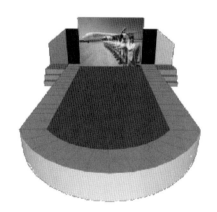

　　二、展場地點：國立臺灣大學綜合體育館是一個擁有大型活動場地和運動中心的多功能體育館，交通便利、場館大小適中，是全校師生、企業團體還有民眾休閒、運動及大型活動場地。自2001年7月起，外借給校外團體舉辦活動，累積豐富經驗，服務精緻、設備先進，使每一位前來的民眾感到其用心。此次選擇的地點為體育館主場館，位於體育館三樓，場地大小為51公尺×42公尺，約648坪，挑高23公尺，場地寬敞適合展覽。

三、場地安排：地點選在臺大體育館三樓主場館，平日一天費用38,000元整，假日一天費用385,000元整，清潔費一天108,000元整，若有美食展加收30,000元整，五天以上打八折，所以共3,918,400元整。

（場地費用一覽表略）

👍 Where?　　展演企劃請一定附上場地布置平面圖。

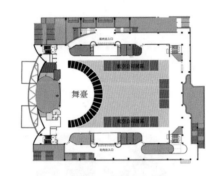

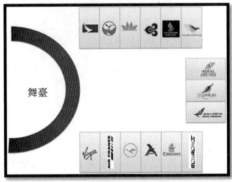

主場地規模：51公尺×42公尺，高23公尺，總坪數：648

店家單位	15（家）×35（坪）總共525坪
舞臺單位	20坪
走道	103坪

四、展場交通資訊

（地圖略）

進行方式

一、開幕特色：在一開始會將現場氣氛營造出旅客搭機前的模樣，並由主持人模仿登機時口白作為開場，接著各國航空空服員走秀，並由維珍航空帶來Safety Dance歌舞表演，替為期十六天的航空之旅拉開序幕。

示意圖（略）

時　　間	流　　程	備　　註
08：50-09：20	各航空走秀空服員準備	準備時間，各國航空走秀人員在後臺準備，即將為活動拉開序幕。
09：20-09：50	舞臺、音控、攝影準備	
09：55-10：00	廣播告知大家往舞臺前移動	機長廣播，告知民眾在舞臺上有活動。
10：00-10：10	機長開場口白	主持人模仿機長登機口白的方式進行開場，介紹第一階段的表演。
10：10-10：20	各航空空服員走秀	由各國航空空服員進行服裝走秀，展現各國文化。
10：20-10：25	主持人串場	表演人員道具準備，主持人歡迎下一個表演。
10：25-10：30	維珍航空Safety Dance歌舞表演	維珍航空帶來Safety Dance歌舞表演。
10：30-10：35	活動結尾	由主持人再次感謝大家的蒞臨，並希望大家玩的愉快。

👍 活動的流程（Rundown）要清楚，時間安排妥當。

二、展場進行方式：我們以體驗各國航空為主，每個航空公司都會有一個展區，展區內設置包含頭等艙、美食、服飾等體驗，並且附設一航空文創商店，給予旅客消費。在平日活動中，每天都會有其中一間航空公司的介紹，使大家認識，並舉辦抽獎活動，將抽出三個行李箱。另外在假日活動中，有飛機餐美食展，讓旅客能一天看完所有特色航空美食，還會抽出假日大獎——來回雙人機票，目的地則是抽獎券上所填寫的地點。

三、閉幕特色：由於開展時間剛好在2016年，由巴西主辦奧運盛會，所以請各國航空公司為我們帶來一段奧運舞蹈表演，並且抽出我們壓軸獎項——巴西來回雙人機票+奧運門票兩張，將帶領旅客暢遊巴西。

（Rundown略）

航空前瞻與永續經營研討會

👍 刻意加入MICE元素，Meeting。

會議時間：2016.06.04（六）13：30-17：30

地點：臺大國際會議廳347室

（Rundown略）

預算表（略）

應變計畫（略）

👍 記得備案計畫。

一、語言能力：因為是包含世界各國的航空公司，每一種語言都有，雖然各國空服員英文能力都不錯，依然會配給數名翻譯人員陪同在展區，以利與民眾溝通。

二、航空公司臨時不來之狀況：與各國航空聯繫，為避免各國航空臨時不來之狀況，會先收取保證金，擬定合約。

三、體驗時間人數眾多：推算假日人潮擁擠，預先估算體驗時間，並且指引至其他攤位進行參觀，避免民眾久候。

四、保全系統：為避免突發狀況的發生，會在展區配置保全電子系統，並且保全在展區中巡邏。

五、育嬰室：為了讓帶小孩的民眾擁有良好的育兒設備，我們特地規劃育兒室，讓民眾方便。

六、護站：過程中難免會有意外產生，為了能隨機應變，會在展區內設有醫護站，並聯絡附近各大醫院。

宣傳行銷

行銷方面，預計於旅遊相關網站及雜誌進行宣傳，鎖定喜愛旅遊的民眾為主要客群，並且透過與十五間航空公司合作，提高展覽曝光率，讓國內外的民眾皆可得知該展覽的相關資訊。而在其他客群宣傳方面，將刊登互動式廣告於入口網站首頁，增加展覽話題性，並透過羅馬旗幟宣傳，讓臺北地區民眾可以得知該展覽資訊。

（行銷措施一覽表略）

期程表（略）

時間規劃上面將在2015年6月開始進行，為期一年時間準備。

預期效益

一、將各國文化以航空作為主題展現，是一種異國文化的創新服務體驗，讓參與民眾透過增加國際視野，認識世界。

二、提升各航空公司能見度，使民眾增加對各國航空公司的認識，進而產生興趣，增加對出國旅遊的慾望。預計將有上萬名民眾，透過參與此展覽，提升旅遊意願，提升臺灣人民出國旅遊率。

三、舉辦航空前瞻與永續經營研討會，透過與經營業者研討，加深參與民眾對於航空業的認識，增加企業能見度與信任度。

預算評估（略）

工作職掌（略）

附件

一、為你所就讀的科系策劃畢業展，並撰寫企劃書。
二、策辦一場MICE會展，並撰寫企劃書。

第12講 文創商品企劃

> 成為一位藝術家，必先要相信生活。
>
> ——亨利·摩爾（Henry Moore, 1898-1986） 雕塑家、慈善家

　　無論是在學校或是實務界，談到文化創意產業，直覺想到的就是「文創商品」。不少商品為了搭上這股風潮，紛紛自行冠上「文創」兩字，販售價格也直接翻倍。但什麼才是文創商品？指的是文化與創意，尤其是故事加值。沒有文化與故事，縱使設計的再華麗、高級都難以引起消費者的共鳴。說起來好像很容易，但要企劃這樣的商品並不簡單。「具體的概念與可操作的設計方法仍然有待發展。」[1]

　　我們必須再強調一次，文創以故事為核心。就目前「文創商品設計」、「文創商品企劃」等學科的發展而言，文創商品的功能與形式，大抵依循著傳統「商品設計」、「工業設計」的路子走。最大的不同，在於設計的源頭必須有「故事」作基礎；商品完成了以後，是以「故事」作包裝。

1　《文創商品的隱喻設計模式》，http://www.jodesign.org.tw/index.php/JODesign/article/viewFile/955/477，檢閱日期20140818。

6W2H

Why?

「在日本，若是企業製作出一項很好的產品，很容易被視為『單一事件』；但歐美卻非常重視『品牌故事』與『（文章的）脈絡』等概念。」[2]最著名的就是賈伯斯所創辦的Apple，品牌，並且擁有龐大的「果粉」，粉絲們對蘋果產品都有相當高的忠誠度，「『蘋果比起品牌，更像宗教！』行銷大師馬丁·林斯壯（Martin Lindstrom）指出，蘋果的用戶不僅忠實，而且狂熱。狂熱的使用者並不在意產品的價格、功能、甚至缺陷，因為對他們來說，情感勝過一切。」[3]而如前所言，凝聚情感最有效的力量，便是故事。例如：屏東原住民所製作的琉璃珠，其實每一顆都有自己的文化、故事，但卻在國片《海角七號》上映後才被人廣泛討論並引起人們熱烈購買。

Wow!

你的商品賣點是什麼？市面上的商品那麼多，消費者因為哪些原因非買你的不可？賈伯斯強調：「讓消費者知道產品能為他帶來什麼好處。」[4]

文創商品賣點主要來自核心的故事。故事訴諸**個人特殊的**情感與經驗，而**不是普遍性**的道理和原則。消費者對故事的認同程度越高，越容易掏錢購買。比如說，每次帶小孩去主題樂園遊玩，我總是對每項遊樂設施、周邊商

2　《設計就是要解決問題》，p.100。
3　《賈伯斯給經理人的行銷課》，https://www.managertoday.com.tw/articles/view/10273，檢閱日期20140821。
4　《賈伯斯給經理人的行銷課》，https://www.managertoday.com.tw/articles/view/10273，檢閱日期20140821。

品興趣缺缺。我到現在還是一點都不覺得小美人魚有什麼可愛的地方，但我女兒已經買了一大堆了。

因此要記得：故事是說給想聽的人聽，不是說給不想聽的人聽。賣點要針對目標客戶而設計，其他的市場都是次要的事情。

故事就如同商品的靈魂，有故事才容易引起消費者的共鳴，也容易吸引人並被記住。知名的「薰衣草森林」創辦人詹慧君與林庭妃以「二個女生的紫色夢想」為故事主軸，她們記錄親手打造夢想的辛苦過程，最後成功創造屬於她們的花園。這個創業故事打動了不少的消費者，也受到媒體的注目。之後，薰衣草森林也在不同的產業發展了幾個品牌，如：緩慢民宿、桐花村客家料理等，每一家店也都有自己專屬的動人故事，他們用故事包裝品牌，引起消費者的共鳴。

Who?

為什麼你想要做這一個商品？設計常常是為了解決某些需求而誕生，了解目前市場上消費者的需求，為他創造他們所需要的。市面上很多同類型的商品都早就有了，若想被注意到就必須創造自己的商品或品牌獨特性，區隔自身商品，像是商品的功能性、外觀設計、價格、質感等都是可以區隔市場的一種方法。觀察市場所需，但不要一窩蜂的趕流行，趕流行也許會得到你所要的，不過一旦熱潮退去，也容易第一個就消失，做沒有人做過的也許會因為無前例可循而困難許多，但也因此有較大的發展空間。「同樣的商品，對於不同顧客就應該訴求不同賣點。」[5] 與以前相比，消費者在消費過程中的

5　《行銷文案怎樣寫到顧客心坎裡？》，http://hunter.career.com.tw/hunter2008/front-show/paper_display.aspx?menu_id=6&submenu_id=405&apmenu_id=160，檢閱日期20140819。

「涉入程度」提高了，在（消費）行動之前，他們會主動搜索商品資訊，而不是被動的接受商品資訊。也就是說，**他們只想聽他們想聽的**。

在行動之後，消費者會主動分享商品資訊，**讓自己成為故事的一部分**，進而完成整個消費過程。「許多新手常犯的錯誤，就是文案圍繞著產品本身，一味強調產品有多好；但其實『對誰說話』才是銷售的關鍵。」[6] 商品是為了誰所做的，年輕族群和中年族群所喜愛的事物必定不同，把客群鎖定後，才可能依照客群喜好找出可行的商品。「產品文案的重點應該在『人』，要把人和商品做關聯。簡單來說，就是要能從消費者的角度思考，找出並誘發消費動機。」[7] 文創商品應該多「利用」消費者和商品間的情感連結，讓客戶覺得自己是獨一無二，進而消費。

What?

可以先試著從故事開始，找出商品設計的主軸，再發展相關的功能，最後才是外觀的設計。在討論階段可以不斷的重繪草圖，整合大家的想法後再逐步修正。「一個完美的產品，無需多言，只要擺在顧客面前，就能讓他們甘願買單。[8]……一個『看起來』會大賣的商品，自然會大賣。」[9]

6　《行銷文案怎樣寫到顧客心坎裡？》，http://hunter.career.com.tw/hunter2008/front-show/paper_display.aspx?menu_id=6&submenu_id=405&apmenu_id=160，檢閱日期20140819。

7　《行銷文案怎樣寫到顧客心坎裡？》，http://hunter.career.com.tw/hunter2008/front-show/paper_display.aspx?menu_id=6&submenu_id=405&apmenu_id=160，檢閱日期20140819。

8　《賈伯斯給經理人的行銷課》，https://www.managertoday.com.tw/articles/view/10273，檢閱日期20140821。

9　《賈伯斯給經理人的行銷課》，https://www.managertoday.com.tw/articles/view/10273，檢閱日期20140821。

商品本身固然重要，但若能有好的包裝則能幫助商品更上一層。「要是我們的包裝粗糙、隨便，消費者就會認為這不是好貨；而如果我們的包裝有創意且專業，消費者必然對我們的品質有信心。」[10]

企劃人員常需撰寫文案，這是商品設計和包裝中一個相當重要的環節。「文案不只要激起消費者興趣，更要能促使顧客出手購買，一個新鮮有趣的標題或許會吸引目光，但如果不能轉化成實質銷售業績，商品文案寫得再美、再動人，只要無法讓消費者打開荷包購買，那也是枉然。」[11]

慣用網路的消費者在行動之前，會先搜尋資訊。目前的搜尋引擎所編製的資訊索引，是以文字為基礎，更彰顯出文案的重要性。要謹慎選擇商品描述的字眼，以最大的能見度為目標，又不能太過一般，失去商品的特殊性。

另一方面，消費社群興盛，文案也必須要能促進消費者的分享。「重點不應只放在宣傳自家產品有多好，而是更進一步成為『意見領袖』，讓消費者從你提供的資訊中，肯定你的價值。」[12]

Where?

商品的販售地點。像是藥妝店和專櫃所販售的美妝品，兩者因為通路不同，商品的內容、包裝、價格也會因此不同，文創商品也是一樣的道理，可

---

10 《賈伯斯給經理人的行銷課》，https://www.managertoday.com.tw/articles/view/10273，檢閱日期20140821。

11 《行銷文案怎樣寫到顧客心坎裡？》，http://hunter.career.com.tw/hunter2008/front-show/paper_display.aspx?menu_id=6&submenu_id=405&apmenu_id=160，檢閱日期20140819。

12 《行銷文案怎樣寫到顧客心坎裡？》，http://hunter.career.com.tw/hunter2008/front-show/paper_display.aspx?menu_id=6&submenu_id=405&apmenu_id=160，檢閱日期20140819。

以思考一下這項商品要在網路、文創商店或是博物館販賣。

When?

包括商品構想、設計，製作進度、行銷時間等。

How much?

「文創商品看起來是藝術品，但放到市場上就是件商品。」[13] 我們在方法篇曾經提到，所有企劃都必須計算成本。商品是用來賣錢的，設定商品價格最簡單的方法，就是用成本去推算：比如一個便當，將其中所有菜色的原料、工錢、包裝……成本加總起來，大概是50元，那麼，加上預設的利潤空間六成30元，那賣個80元相當合理。這叫做「成本訂價法」。

但是，成本訂價法用在文創商品上，卻常常行不通。因為文創商品的實體原料成本，常常非常低，無論怎麼加成，訂價看起來就是無法呈現出設計應有的價值。比如說上面談過的琉璃珠，單位原料成本可能1元都不到，要怎麼訂價？

這時候我們應該反過來思考，以**消費者所能感受到的價值來訂價**。比如說，那串琉璃珠你買來送給心儀的對象，她芳心大悅，答應要和你一起去約會。那花上100元其實很值得吧！

1元變作100元，這就是文創的真實價值所在。如果你對如何利用消費者價格訂價還是有困難，在此提供經驗法則（Rule of Thumb）：**將成本乘以2.2倍至2.5倍**，通常就是合理的價格區間。

---

13 《行銷文案怎樣寫到顧客心坎裡？》，http://hunter.career.com.tw/hunter2008/front-show/paper_display.aspx?menu_id=6&submenu_id=405&apmenu_id=160，檢閱日期20140819。

企劃範例

【文創商品徵件】文化創意商用設計聯賽

　　資策會創意產業中心於2014年舉辦第一次「文化創意商品設計聯賽」，計畫號召全國文化創意產業的設計人才，「針對數量豐碩而頗具特色的典藏素材，挑戰典藏素材的創意設計與創新應用，澈底發揮典藏素材無盡的文化底蘊，展現極具商用價值的多元領域跨界運用與示範，創造全新的設計感動，共創文化與創意經濟產業的數典美學新世代。」簡單的說，就是利用數位典藏的文化素材，來設計文創商品。我們將以其徵件要求作為範例，來說明一般文創商品設計需要完成的企劃文件：

　　一、作品名稱

👍 What　　為作品取個響亮易記的名稱，一眼要能看出商品用途。

　　二、創意來源（含典藏計畫單位、典藏素材名稱、路徑及圖片）

👍 Why　　商品設計所利用的創意素材。

　　三、設計概念

👍 Why　　作品構想、主題或故事等。

　　四、作品創意設計概念、創新應用服務特色與功能說明

👍 What　　詳細敘述商品的功能與特色。

　　五、簡述市場觀察與趨勢分析

👍 Who　　要儘量明確聚焦，記得「少就是多」。

　　六、其他（針對其他說明事項補充）

　　七、附件（含設計圖與情境架構圖等至少五張）

👍 How　　設計樣稿包括：正視圖、俯視圖、右側視圖、左側視圖（以上稱之為「三視圖」）或以「情境架構圖」（商品使用時的示意圖）表示，立體彩圖將為企劃加分不少。現在數位繪圖（2D、

3D）技術相當發達，這些圖形儘量用數位檔案，以方便攜帶、修改、傳播。

【文創商品企劃】甲骨文造型迴紋針

《甲骨文造型迴紋針》

作者：蔡佩容、楊婉穎、黃任佑、張雅婷

（封面略）

（目錄略）

創意來源

典藏計畫單位：國立歷史博物館典藏資源

典藏素材名稱：民國董作賓甲骨文江南好

路徑：https://www.npm.gov.tw/exh101/calligraphy10107/ch/photo1.html

圖片：（略）

設計概念（含作品構想、主題或故事等）

甲骨文是中華文化中公認的第一種文字，在時空變遷之下，我們卻是越來越看不懂它代表的文字意涵，若時空繼續演進，更加被冰封的甲骨文是否會被人們遺忘？

👍 先以問題引發讀者的興趣。

相傳知名文史工作者董作賓（1895-1963），曾八次參與殷墟發掘，對於甲骨文研究貢獻卓越；在他了解甲骨文的意涵後，便以甲骨文書寫填詞，也就是這首〈江南好〉。

我們希望現代人也能在生活中使用甲骨文，了解其中的意涵，感受遠古流傳下來的智慧，因此將甲骨文的文字製作成為一個個用來整理文件的迴紋針。

👍 記得說故事。

作品創意設計概念、創新應用服務特色與功能說明

《甲骨文造型迴紋針》一組共有50入，多變的造型讓人能夠增加系列開發性以及蒐集性，同時符合國立故宮博物院特色，能夠兼具實用及紀念價值。

👍 本企劃概念具有延伸性，如果成功了，很容易推出其他產品。

👍 適合作為特定紀念品，也能夠在一般通路流動。

簡述市場觀察與趨勢分析

市場觀察：比較市場上各種安眠的擺飾、燈飾功能、優劣勢。

產品名稱／比較	甲骨文造型迴紋針	傳統迴紋針
商品簡述	如同董作賓以甲骨文作詞，能將甲骨文融入日常生活中，兼具趣味性及實用性。	是一種能夠暫時性地固定紙張的文具，迴紋針一般由不銹鋼、白鐵、銅、塑膠製造，材料的特性為可彎曲、不易折斷。
商品特色	具中華文化特色	傳統、常見
優勢	兼具實用與紀念價值	方便取得
劣勢	通路開發較難	過於單一

👍 製表比較，清晰有條理。

市場、趨勢分析：

日新月異的科技時代，文明病漸增，常常聽說有年輕族群就患有失眠症；也因應國內外觀光盛行，因此本產品針對以下目標客群：

1. 來臺旅遊的外國人：針對他們在旅行中較願意購買輕巧且富含中華文化之設計商品之特性。

2. 喜好新創商品的年輕人：針對工作壓力大且熱愛新奇設計的年輕人。

👉 明確具體的目標客戶群。

附件（含設計圖與情境架構圖等至少五張）

參考文物原圖

商品完成圖

單一元件正面圖

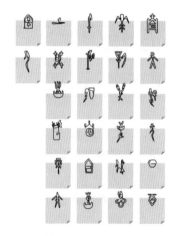

情境使用示意圖

【文創商品企劃】卡拉給給

《卡拉給給》
2017猴賽擂全國創新創業競賽　大專組─產品創新組佳作
作者：高若熏、錢怡君、吳文佑、陸韻淳
封面（略）
目錄（略）

設計概念（含作品構想、主題或故事等）

　　上課、上班快遲到，想要迅速吃片果醬吐司卻難以控制塗抹上的果醬，又不想清洗容易生螞蟻的抹刀，這種時候往往不是抱著飽食後的滿足，而是抱著一肚子的氣開始新的一天；難得假日外出野餐，卻發現沒帶上果醬抹刀，只能啃食無味的白吐司。

　　這些問題曾經困擾著你嗎？

　　就讓我們開發的果醬神器《卡拉給給》喀拉喀拉，瞬間就解決這些問題！

　　👍 將商品名稱的由來融入宣傳中，配合聲效更能令人印象深刻。

作品創意設計概念、創新應用服務特色與功能說明

　　創意設計概念：靈感來自市售浴廁清香凍，藉由卡榫能夠精準掌控每一次給出的劑量；我們將這樣的創意延伸放在果醬，一般果醬因為存放關係大都是以果醬罐作為容器，但是這樣會產生兩大主要問題，一來想吃果醬就需要另外使用抹刀方能沾取食用，二來抹刀無法有效挖取全部的果醬。

　　而《卡拉給給》轉動一次便能夠擠出完美的一份果醬，能夠簡單方便的控制用量，且無須另外使用抹刀便可以將果醬直接沾出，對於外食族或是外宿者而言，兼具存放容器以及即食的便利性。

簡述市場觀察與趨勢分析

客群:

1. 大學生:大部分的大學生是採用外宿方式生活,因此本商品的容易保存又方便,對於大學生具有一定吸引力。

2. 上班族:在忙碌的生活空檔能夠快速地使用本商品,簡單享用一餐。

3. 戶外活動者:近年來興起的野餐風潮帶動了果醬的需求量,若是使用本商品便能攜帶方便且容易保存,對於野餐將是一大利器。

4. 背包客:卡準設計及輕量化包裝能夠讓追求簡便的背包客隨身攜帶,又不容易弄髒背包內部。

👍 市場區隔較不具體。

附件(含設計圖與情境架構圖等至少五張)

使用方式示意圖:

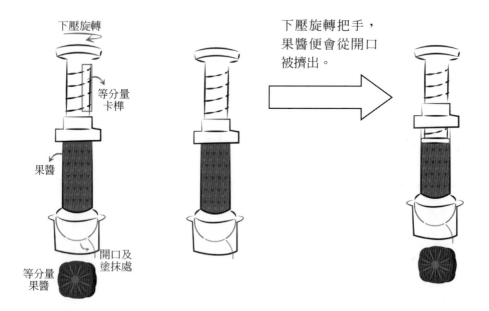

👍 圖片説明稍不明確，加入使用影片輔助説明會更好。

習題

一、為你家鄉所在的鄉鎮，企劃一項文創商品。（6W2H，記得要先把故事找出來）

二、參加「文化創意商用設計聯賽」，製作文創商品企劃書。

第13講　活動企劃

> 你不會耗盡創造力，用得越多，擁有的越多。
>
> ——瑪雅・安吉洛（Maya Angelou）　作家、詩人與編劇

「一個活動的執行是在短時間內結合了人力、財力、物力與各項的資源，並加以整合、分配與運用所得成果的展現。」[1] 也因為一場活動的進行需要結合相當多的資源，並彼此互相配合，事前的準備與企劃就顯得更為重要。書寫企劃前必須先知道你活動的性質與目的，如何將人、事、物妥善放入各個活動環節中，相當考驗企劃者功力。

活動企劃若擬定的不夠完整，很可能造成執行時的混亂。可以先從6W2H開始著手大方向，差不多後再討論各大項中的細節。

6W2H

What?

除了活動名稱外，寫出活動主題。讓人能在短短一行中就清楚知道你想做什麼，不宜冗長。例如「臺北電影節」，閱讀者一

1　《活動提案企劃書撰寫》，http://goo.gl/5DcGN3，檢閱日期 20140828。

眼就能知道這活動是和電影相關。

Who?

　　活動的主辦單位，這部分可考慮邀請對舉辦活動有幫助或性質相關的單位。例如學術研討會就可以邀請大學相關系所協辦。

　　在這裡寫出執行單位的聯絡人，並可將相關單位須執行權責做成圖表。另外，指導、承辦、協辦、贊助等單位也可一併附上。

　　指導單位：主辦的上級單位。

　　承辦單位：承接主辦單位活動。

　　協辦單位：有可能只是掛名，不一定會參與活動工作。

　　贊助單位：提供經費給活動者。

　　企劃單位：負責案子和整體活動的企劃。

　　內部組織部門：和相關的人事做連結，可先簡單分類幾個部門，如企劃、行政、財務、設計等。

Why?

　　舉辦活動都有原因。產生這活動的原因、背景等，可說明實施的目的和希望藉由這個活動達成什麼效果，例如百貨公司舉辦週年慶活動，原因不外乎就是刺激商品買氣、增加銷售量等。

Wow!

　　同一時段可能有幾十個活動一起在進行，要怎麼吸引參加者前來？「除了內容要能夠縝密翔實的規劃活動內容之外，最重要的一點應該在於活動的

創意點，可以是整個活動的賣點，也可以是最能夠吸引參加者的部分。」[2] 根據活動一開始設定的主題、目的，找出和其他活動最與眾不同的點，並加強這個亮點。當你找不出來的時候，可以試著想像這個活動在媒體報導之下會是什麼樣的狀況，看了之後會不會吸引你去參加。

How?

活動方式：寫出構想內容，像是活動中安排的遊戲、規定等，並闡述執行細節。若是抽象的概念以圖或表輔助，也可以找過去類似的活動影片，讓觀看者容易掌握整體內容。

預期效益：可參考先前辦過的類似性質活動和經驗，估算活動能引起的效益，像是能吸引多少人前來參加、達到多少行銷效果、後續會延伸出什麼樣的效益等，最好以約略數據表示讓人能簡單明白。但要客觀的估計，不要過分誇大，以免到時無法達成。

備案（Contingency plan）：活動要能順利成功，需要天時地利人和，有時卻可能會遇到非常多的突發狀況。為了不影響流程的進行，你必須預先為可能發生的事，想出應變方法與備案，免得不知所措。最常見的就是戶外的活動遇到下雨，就需要雨天備案，可以寫出更改的室內地點或是搭建遮雨棚。例如你辦了一場研討會，講師、時間、地點、宣傳都已經弄好了，突然講師無法到場，那你該找誰來頂替這個空缺，而不要讓活動開天窗？通常就會在備案中先安排可以約請的其他人選。

行銷宣傳：打算如何行銷這個活動，把宣傳的方式和策略都寫出來，在宣傳的文案上就可直接將你的Wow!點放入，吸引參加者。常見的行銷方式有海報、旗幟、廣播、廣告等。

2　《活動提案企劃書撰寫》，http://goo.gl/5DcGN3，檢閱日期20170828。

現在很流行社群行銷，用社群網路的力量，病毒式的傳播給所有人，藉由媒體傳布訊息並擴大效益。網路最大的優點就是能24小時且沒有地域限制，非常多品牌或名人都會辦粉絲頁或微博，在頁面上他們能即時的回應，也能和網友們有互動，造成免費的傳播效應。像是之前孔雀餅乾曾在粉絲頁上發起一個活動，讓網友來構思他們想讓男明星拍什麼樣的廣告內容，直接造成互動並且引起分享與點閱，網友在這個活動中也扮演了一個規劃者的角色，在下一次活動時同樣能用先前建立的頁面行銷，吸引類似喜好的群眾。

Who?

活動是為了哪些人所辦的？鎖定目標的群眾，可能依年齡、性別、喜好有所不同，找出這些人可能會需要些什麼樣的活動內容。也可以先調查目標群眾可能的喜好，在寫企劃時才能知道該如何安排活動。若是活動目標是年紀稍長的長輩，而你卻安排相當刺激的活動，那就可能造成活動狀況不如預期。

Where?

根據你的企劃內容選擇合宜的場地。辦了活動就是為了吸引人前來參加，決定地點必須考慮到便利性，像是交通方式、人潮集散等。還得考慮成本，有的地方你可能覺得非常的好，然而租借卻會花掉大部分的預算，那麼最好考慮換個地方。在書寫企劃時，可以多寫幾個合適的地點，避免發生某些變數，例如場地已經先被其他活動租借走。詳細企劃書中可附上地圖、交通方式等資訊。

數位化的時代，活動也並不只有在現實生活中能舉辦，社群網路平臺也都能是活動的地點。像是Facebook崛起，各大品牌紛紛成立粉絲專頁，常舉辦的粉絲分享抽獎活動，網路平臺也成了一個參與活動的地點，無論在世界

的任何角落都能參與，不再只是單一地區。

When?

決定活動的時間，舉辦的日期須考量是否方便群眾前來，像是平日和假日相比，假日人潮一定會較多。除了舉辦日期、當天報到時間與流程外，從開始企劃、行銷、場布、場復等相關期程安排都需先一併設定，先擬定每個環節完成的時限，可採用甘特圖的方式決定大略時間。

How much?

以活動流程推估整場所需的經費預算。從策劃一直到執行，包含人事、場地、設備、行銷等相關費用都須逐條列出，並直接寫出金額。建議以表格方式呈現，預算項目最好分類，如分成人事、業務、行銷三類，再加總相關金額，方便閱讀。若活動需要申請補助的話，經費通常也會是審核的重點之一。

企劃範例

活動的類型繁多，無法一一舉例說明。在此簡單以活動參與人數的多寡分作兩類，一類是針對「大眾」參與人數較多，所設計的活動企劃；一類是針對「小眾」頂級客層，參與人數較少的遊程企劃。說明如下：

【活動企劃】綠動地球

2014地球行動家活動企劃入圍作品《綠動地球》

作者：陳天馨、蔡慶怡、戴麗珠、何玉霞、楊舜雯

（封面略）

2014地球行動家企劃總表	
企劃名稱： 綠動地球─地球動起來，鐵人綠起來	組織者姓名： 陳天馨、蔡慶怡、戴麗珠、何玉霞、楊舜雯
執行單位：CHITS團隊	活動期間：2014年4月20日星期日
創意亮點（請說明該活動有何與眾不同之處，例如：特殊主題、推廣創新、具吸引力等）： 1. 特殊主題：結合環保元素改造傳統「鐵人三項」項目。 2. 推廣創新：推廣市民多多選擇步行與單車出行，同時創新提出發電單車公共設施，達成市民健身休閒與電力供應合二爲一的效應。 3. 具吸引力：透過騎單車直接發電，親眼見證城市被自己點亮。	
組織架構（請說明活動之主要成員及分工方式）： 1. 主要成員：CHITS團隊。 2. 分工方式：活動執行組，行銷宣傳組，文書行政組，財務管理組，機動組。	
活動規模： □ 針對特定校園或機構之成員 □ 開放給地方性（鄰、里、社區單位）民眾（例如：萬隆里之里民） ☑ 開放給區域性（縣、市）（某類）民眾（例如：臺北市之高中生） □ 開放給全國性（某類）民眾（例如：殘障朋友）	
計畫主題（可複選但至多勾選三項）： □ 1. 地球日派對活動　　　　　　□ 5. 講座、電影、音樂會等 □ 2. 生態旅遊或服務工作　　　　□ 6. 跳蚤市場、回收義賣等 ☑ 3. 淨化或美化環境　　　　　　☑ 7. 節能減碳競賽 ☑ 4. 資源回收及再利用　　　　　□ 8. 其他（請說明）	

活動對象：	
□ 學齡前兒童	☑ 大專以上學生
□ 國小學生	☑ 社會人士
□ 國中學生	□ 其他特殊族群（請說明）
□ 高中（職）學生	
活動辦理方式：（可複選）	
□ 環保營隊	□ 靜態或動態展示（包含網站建立）
☑ 競賽活動	□ 工作假期
☑ 演講或表演	□ 其他（請說明）
常態辦理 □ 是 ☑ 否 辦理頻率 □ 週 □ 月 □ 其他（請說明）	活動辦理次數：（請填2/1-5/30之間） 4月20日
預計參加人數： 1,000人次	預估可影響人數： 5,000人次

緣起

一、活動背景

當前社會眾人生活節奏加快，隨之而來的問題層出不窮，常常造成資源浪費，出行也追求快速的汽車、機車等，使環境問題日益嚴重，同時自身也缺乏運動鍛鍊，身心俱疲。

地球和你都想要更健康的生活，而其實你的力量就可以改變世界！

所以活動希望同時達到公眾參與、資源回收利用和環保出行方式推廣三大效果，同時用最直觀和趣味的方式讓公眾意識到，再小的力量也是一種支持！

二、創意亮點

整個活動以「環保運動會」為主軸，根據一般運動會開幕式，正式比賽與閉幕式的流程，結合環保元素，設計了新鐵人三項趣味競賽，結合環保時

裝展與頒獎的閉幕式，鼓勵眾人參與，形成規模效應，倡導資源回收利用，變廢為寶，同時提醒公眾多多採用步行、腳踏車等方式出行，既可強身健體，也可為環保做出貢獻。

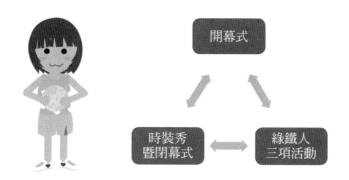

活動主題及目標

一、活動主題

綠動地球—鐵人動起來，地球綠起來

👍 一行口號很重要，最好能押韻，令人朗朗上口。

二、目標

這次活動是參考了「鐵人三項」的概念，希望藉由走路、騎單車、跑步，能倡導民眾的環保意識。另外，並由這項活動能在大眾民眾之間互相影響，發揮口耳相傳的效果，如一起騎單車上班、一起搭捷運逛街等，預計能吸引全民參與這項活動，以達到全民減碳減能的效果。

對象、人數及參與方式

一、活動對象：無任何年齡、性別限制，熱愛運動、熱衷環保者最佳。

二、預計參與人數：1,000人。

三、參與方式：網路報名及現場參與。

如何宣傳發揮影響力

　　行銷公關中常常使用到赫伯特‧克魯門（Herbert E. Kruman）博士提出的「三打理論」，博士認為觀眾對於收看廣告就像是學習的狀態，人腦會隨著廣告連續曝光逐漸增加記憶程度，但是效果達到一個飽和點後，觀眾就會感到疲憊。

　　於是我們行銷將把握這三次的機會勾起觀眾的興趣，促使他們使用管道來搜尋相關資訊，增加對於「綠動—鐵人動起來，地球綠起來」活動的記憶，進而成功吸引觀眾前來參加活動，活動規劃及行程安排如下：

　　一、活動宣傳

目的	引導觀眾產生「這是什麼活動？」的反應		
時間	4/2-4/12	地點	全臺八間大專院校
活動	向大專院校徵稿	內容	利用學生們會透過個人部落格分享製作服裝的消息，讓周遭親友注意有個環保服裝活動。
時間	4/5-4/6	地點	高雄火車站、新左營捷運、駁二藝術特區
活動	快閃活動	內容	透過小型的默劇表演，讓旁觀者拍攝影片分享，引起親友之間的話題討論。
劇情	發明家利用黃金鼠測試滾輪發電的可能性，結果大為成功，於是就聯想到可以利用人踩單車的動力來發電，不僅節省能源，還能夠瘦身，達到節能減碳且環保愛地球。		
目的	讓觀眾產生好奇，對活動產生熟悉感。		
活動	微電影發布	內容	在各大網站發布微電影宣傳，讓觀眾知道有這麼一個環保活動即將進行。
時間	4/9	地點	臉書、Twitter平臺與YouTube

活動	拍攝主角在數個夜晚路跑中，發現到城市環境的問題，如垃圾亂丟、各種燈飾的使用，於是他開始習慣隨身帶著夾子與垃圾袋，爲了環境盡一份心力，周遭的人被他的行爲感動之後，也加入撿垃圾行列，還給城市一個乾淨的容貌。		
目的	達到強化與提醒作用，可能促使觀眾報名參加活動。		
活動	官網上透露活動內容	內容	1. 環保服飾入圍名單與照片曝光 2. 主持人名單與活動訊息的透露
時間	4/15-4/16	地點	臉書、Twitter平臺

二、合作單位

單　位	內　容
高雄市政府	商討光榮碼頭與新光碼頭的場地借用事宜
高雄市環保局	夾子與垃圾桶借用
高雄市鹽埕國小	借用課桌椅、鳴槍、碼表與畫繩機

三、行銷宣傳時程安排

日	一	二	三	四	五	六
		1 接洽事宜	2 向大專院校服飾徵稿	3	4	5 快閃活動
6 快閃活動	7	8	9 微電影宣傳	10	11	12 大專院校服飾截稿

13	14	15 大專院校入圍名單公布	16 活動消息發布	17	18	19
20 活動日						

👍 用日曆來說明，相當清楚。

活動時間

一、活動行程

活動時間	2014年4月20日星期日			
時　　間	活　　動	地　　點	內　容	圖　示
14：00-15：00	參賽人員集合開幕式	光榮碼頭	市長主持活動	
			活動開始	
15：00-18:00	綠鐵人三項活動開始	光榮碼頭	清理垃圾	
		星光碼頭	單車發電	

		夢時代	路跑	
18：00-19：00	環保時裝秀暨頒獎典禮閉幕式	夢時代	時裝秀	
			頒獎	

☝ 結合簡單可愛的小圖示，可以大大提升對讀者的吸引力。

二、路跑路線圖

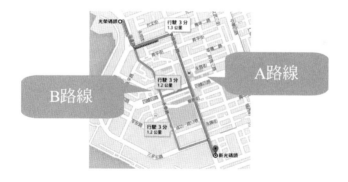

☝ 利用Google map等地圖軟體，就能做出很棒的路線圖。

活動內容

一、活動規劃

以高雄市的三個景點串連綠動地球活動：

1. 開幕秀：光榮碼頭

2. 綠鐵人三項競賽：光榮碼頭→新光碼頭→夢時代

3. 環保時裝秀暨頒獎典禮閉幕式：夢時代

二、辦理方式

採網路報名方式前100位（此100位有資格納入頒獎），其餘發放紀念品。

三、活動流程

時　間	活動內容	地　點	備　註	
14:00-15:00	參賽人員集合開幕式	光榮碼頭	開幕秀：邀請市長出席	
			活動開始	
15:00-16:00	綠鐵人第一項 以步行背竹簍的方式為道路清理垃圾	光榮碼頭至新光碼頭	A	新田路→右轉成功一路
			B	海邊路→永平路→永泰路→左轉三多五路→右轉成功二路
16:00-17:00	綠鐵人第二項 原定點騎人力發電單車為城市路燈儲存電力	新光碼頭		
17:00-18:00	綠鐵人第三項 跑步到達終點夢時代，見證自己發動的電力讓夢時代亮起來	新光碼頭至夢時代	沿著成功二路跑	
18:00-19:00	環保時裝秀暨頒獎典禮閉幕式	夢時代	時裝秀	大專院校環保服飾入圍的作品走秀並頒獎
			頒獎	網路報名前100名且完成活動者，可以領取獎品

活動分工（請說明工作人員組織、分工方式等）

一、組織圖

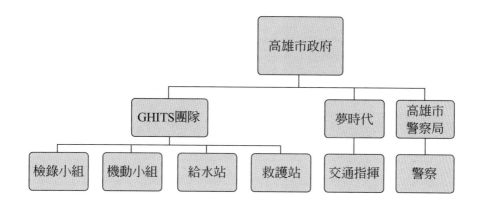

二、工作人員分配表

活　　動	人　數	備　　註
快閃活動		
表演人員	3	與微電影拍攝為同組人
開幕與閉幕		
交通指揮人員	3	與夢時代租借場地後，提供人力支援
場控人員	3	場控後前往各站擔任組長
光榮碼頭		
組長	1	
報到人員	2	工讀生
檢錄人員	2	工讀生
拉起跑線	2	工讀生

給水站	2	工讀生
新光碼頭		
組長	1	
給水站	2	前站工讀生支援
醫護人員	4	救護車租用待命
夢時代		
組長	1	
給水站	2	前站工讀生支援
拉終點線	2	前站工讀生支援
登錄成績人員	2	前站工讀生支援
檢錄站	4	發送紀念品與證明書
救護人員	4	
人員總計	18	

經費預算

場地費用		
項　目	費　用	備　註
舞臺搭建、燈光、音響設備	100,000	
固定單車租用	400,000	8,000元×50臺
場地租借費用	100,000	光榮碼頭、新光碼頭與夢時代
小計	530,000	
人事費用		
工讀生	6,600	600元×11人

護理員	4,000	1,000元×4人
快閃人員	690	115元／時×2小時×3人
明星嘉賓（蔡阿嘎、大頭佛）	20,000	
小計		31,290
救護費用		
救護站	10,000	
急救箱	1,500	300元×5個
小計		11,500
獎品費用		
獎品	10,000	一卡通100元×100張 報名前100人享有
紀念品	200,000	T恤	200元×1,000件
	80,000	毛巾	10元×1,000條
	10,000	水壺	80元×1,000個
環保時裝比賽獎金	23,000	冠軍	10,000
		亞軍	8,000
		季軍	5,000
小計		323,000
宣傳費用		
微電影	30,000	人員及拍攝製作費用
印刷品	3,600	海報	1.8元×2,000份
	1,000	邀請卡	10元×100張
	300	布條	100元×3條
	5,000	證書	5元×1,000張

小計	39,900	
其他費用		
水	10,000	5元×2,000瓶
工具	0	向高雄市環保局和學校借用
貨車租用費	15,000	運載比賽設施
小計	25,000	
總支出	960,690	
報名費（收入）	500,000	500元×1,000人
總計	460,690	支出減收入

效益評估

　　藉由趣味的鐵人三項比賽及服裝設計，讓民眾可以身體力行地去維護周遭環境的整潔，以及用自己的力量來為城市付出心力；讓學生可以用環保的概念來設計服飾，讓往後學習中可以將環保融入設計的概念，從服飾開始做起永續發展。

　　競賽中讓民眾背著竹簍撿垃圾，親自維護城市周遭的環境整潔，讓參與的大眾可以體會隨手撿垃圾、做好資源回收的重要性，且在此項活動中，預估可達到垃圾總量約一噸，而之中的可回收資源可占約30%。常態設置的發電單車，不僅讓民眾可以自由運用，在強身健體之餘可以用自己的力量讓城市路燈亮起，平均踩十五分鐘可供照明兩小時，鼓勵民眾善用資源。

　　經過一整個競賽的過程，讓民眾可以體會到只要貢獻自己的一份力，也能讓城市有所改變。

【遊程企劃】TRICK OR TRIP

2017海峽論壇金點子創意大賽決賽

作者：楊婉穎

行程設計基本資料		
行程主題名稱	TRICK OR TRIP	
規劃理念	人生地不熟又身無分文的情況下，一趟未知旅程你敢挑戰嗎？ 或許曾展開一個人的旅行，又或許不曾一個人踏出溫暖的舒適圈獨自闖蕩。 但，從未有過一個人隻身前往陌生的地方又沒錢沒網路的旅途吧！ 前所未見的體驗，這一趟旅程，將會成為一生中最難忘的回憶。	
行程大綱	比賽期間的一星期內，包含所有食宿交通都必須自行解決，可透過以物易物、才藝表演、勞力賺取費用……運用各種方法，在不違反法律及善良風俗的前提下，遊歷十個指定地的其中五個點並回到原出發地。	
行程大綱 （請簡述每天行程的重點）	第一天	開賽 兩岸參賽者分別由福建及臺灣出發，展開為期一週的挑戰賽。
	第二至第六天	比賽重點階段 選手必須以物易物、以勞力換食宿等方式想辦法遊歷規劃的參賽地區。
	第七天	比賽結束 只要出現一名回到出發點選手，比賽即刻結束，剩餘選手將由主辦單位協助回到原出發點。

☝ 光看企劃標題不太能夠明白活動主題，若加上中文標題輔助會更好。

指定地	
臺灣團隊	臺灣出發前往福建指定地： 廈門鼓浪嶼 武夷山 南靖縣福建田螺土樓 永定縣客家土樓 福州西湖公園 湄洲島媽祖文化園 泉州市清源山 莆田市九龍谷森林公園 漳州雲洞岩 太姥山風景區
福建團隊	福建出發前往臺灣指定地： 陽明山 國立故宮博物院 高美濕地 日月潭 阿里山 高雄美麗島車站 墾丁國家公園 臺東伯朗大道 太魯閣國家公園 宜蘭礁溪公園

☝ 比賽同時兼具節目效果及觀光行銷。

預算	
項目	預算
機票	10,000（元）×40（人）= 400,000（元）
隨身微型密錄器	5,290（元）×40（人）= 211,600（元）
迷你定位器	5,980（元）×40（人）= 239,200（元）
保險費	1,500（元）×40（人）= 60,000（元）
獎金	300,000（元）
行銷宣傳費	2,000,000（元）
雜費	2,000,000（元）
總計	5,210,800（元）

☞ How much　　本企劃沒有預算限制；若是有預算上限，要記得，有預算上限的企劃就是要你把錢花完。

 習題

一、企劃一場《文創產業企劃實務》的新書發表會。

二、假設日本知名動畫大師宮崎駿來臺旅遊，請為他企劃四天三夜的文化之旅，預算上限100萬。

第14講　文創事業企劃

> 保持貪婪、保持傻勁。
> ──史蒂夫‧賈伯斯（Steve Jobs）

　　「文化創意產業」是由「文化」、「創意」、「產業」等三個名詞組合起來的。這一類的組合詞，通常重點是在最後的名詞。打個比方，「沙茶牛肉燴飯」，意思是用沙茶醬調味來炒牛肉，然後鋪在白飯上。本質就是一客「燴飯」，沙茶牛肉不過是形容修飾調味用罷了。文化創意產業也是一樣，本質就是「產業」，文化創意只是用來形容這個產業的特質罷了。

　　文創事業的經營最忌「捨本逐末」，只強調文化和創意，卻忽略了最根本的「產業化」。從國家社會總體角度來看，重點應該在於如何引導文化加值、創意與創新導向的經濟發展；從個體的角度來看，最重要的就是必須將文化與創意落實到「文創事業」上。

　　文創事業講究「企業化」。所有的文創作為，必須收斂凝結在單一企業體上，才能創造產值。對所有的企業而言，傳統的經營思維強調「利潤最大化」、「創造最大的股東價值」，這也一樣適用於文創產業。否則，事業企劃將失去目標，淪為畫大餅空談。

　　然而，這不意味著當今最流行的左翼「社會企業」（Social enterprize）思維「反對資本主義，創造最大的社會價值」是無效的。反之，我們認為，學會了「價值最大化」的企劃思考模式，更能促進文創社會企業的發展。

事業模式（Business Model）

事業模式，簡單講就是「怎麼做生意」。

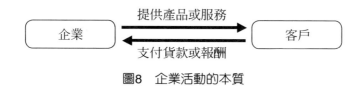

圖8　企業活動的本質

　　「企業」提供有形的商品，例如：創意公仔、花布包包、客家服飾等；或無形的服務，例如：劇場表演、電話通訊。「客戶」基於其需求，支付貨款，例如：花500元買一個手工創意包回家；或支付報酬，例如：花500元看場舞臺劇。

　　文創事業經營的目標，就是想辦法「創造價值」——讓客戶願意掏出錢來，購買你所提供的商品或服務。

　　價值指的是滿足客戶的需求，無論是經濟上的（價格便宜或品質較好）；或者是文化上的（智性的滿足）；或者是審美上的（比較美）。也可以說，事業模式就是一種「解決方案」（Solution）：想出一種辦法，使客戶獲得價值上的滿足。

　　企業提供的產品或服務有良莠之分，是決定事業成敗的重要關鍵。然而在技術與創意發展飛快的現代，真正決勝關鍵，還是在於提供一個事業模式，能滿足大部分客人的需求；而產品或服務只不過是滿足需求的「載體」，是為了完成這個事業模式的工具。大部分的創業者，會從「產品」出發，從現有的商業模式出發，把事業的未來投射在既有的市場上——這些都是從已知的經驗裡衍生出來的單線思考。

　　比較好的作法是按「滿足客戶需求」這個中心思想，來發展出事業模

式。為了幫助思考，在此介紹一個好用的工具：Businessmodelgeneration。它將事業模式拆解成九大模塊：

事業夥伴	主管業務	價值主張	客戶關係	目標客群
	關鍵資源		通路	
成本結構		營收來源		

圖9　事業模式[1]

這個圖分成上下兩部分：上半部，由左至右，可視為一個商業模式的上游到下游。下半部，則是上半部模塊在財務上的意涵：左半邊與成本有關，右半邊則是跟營收有關。把你的構想分點條列上去個別的方格，就會得到像這樣的事業模式：

事業夥伴	主營業務	價值主張	客戶關係	目標客群
✓ 個人手工業藝術家 ✓ 市政府	✓ 提供良好的攤位供手工業擺攤。抽取買賣佣金 ✓ 申請政府補助案 關鍵資源： ✓ 與文化處密切配合 ✓ 與手工業者的人脈關係	✓ 解決手工業者四處流浪擺攤的問題 ✓ 創造城市藝文氣息	✓ 養成客戶欣賞手作的審美能力 通路： ✓ 現場販賣 ✓ 預訂郵寄	✓ 商圈人潮 ✓ 附近學生 ✓ 附近上班族

1　businessmodelgeneration，www.businessmodelgeneration.com，檢閱日期201709。

成本結構	營收來源
✓ 租用場地費用約三成	✓ 攤位租金
✓ 初期固定投資約50萬元	✓ 買賣抽成
✓ 估計半年可回本	✓ 政府補助

圖9事業模式：經營「文創市集」（創意生活產業）為例。

像這樣透過系統性思考，把所有想到的答案填上去，再逐一檢討、篩選，最後便會整理出較有全面性觀點的事業模式。

一般而言，事業計畫書會包含以下的項目：

一、計畫摘要

二、產品或服務

三、經營團隊

四、市場（競爭）狀況

五、行銷計畫

六、產品開發以及公司組織

七、執行計畫

八、機會與風險

九、財務規劃以及融資計畫

由於篇幅所限，各項目詳細的原理解說請參見《開心玩文創》（書泉出版）第三章「事業計畫」。

企劃範例

【創業企劃】：央歐共學園

《央歐共學園》
2017 TBSA[2]商務企劃競賽入圍
作者：楊振興、郝怡婷、莊羽雯、周鈺軒

6W2H簡式企劃單

一、目的（Why）	
目的	預期效益
1. 提升祖孫、親子互動與相處之機會。 2. 減少長者在家獨居之風險。 3. 降低長者非自願被送至安養機構。 4. 透過祖孫活動使長者獲得心靈層面的快樂與滿足。 5. 孩童能在學習過程中即時與長者分享快樂。 6. 家長能安心將長幼託付給本中心。	1. 預計第一年孩童數可達30人，平均每月營業額可達55萬元。 2. 持續建立口碑，預計第二年即可收滿45位孩童，每月營業額達90萬元。 3. 在當地已建立口碑，預計往後每年都可以收滿，且成為當地指標性共學園。

二、內容要點（What/Who）	五、實施期間（When）
企劃構想 提供具有合格教師證之專業教師與長者照護之專業人員，將幼兒園之孩童教育與長輩學園結合，形成共學之	2017/09/01 至 2019/08/31

2　TBSA 臺灣社團法人商務策劃協會，http://www.tbsa.tw/front/bin/home.phtml。

新型態的教育，解決臺灣低出生率招生不足之問題，促進幼兒園之轉型。

經營模式：透過適合共學之動態、休閒趣味與教育之多元化課程，為長者與孩童提供最專業的教育。飲食方面根據營養師每日規劃，掌握最健康安全的養生餐食。

成功關鍵要素：擁有最專業、趣味的課程學習安排；提供最完善舒適的長者照護環境；長幼共學的特色學習系統，提升親子互動機會；健康飲食規劃，食安無須憂慮；課程反饋系統，落實課程學習有效化。

企劃方針：目標市場：臺灣家中的孩童及長者。

策略定位：臺灣新型長幼學習環境。

價值提案：減少因出生率下降對幼兒園造成的衝擊，提供新型態的學習環境。關鍵能力與資源：聘請師資五年以上的專業教師，搭配特色共學課程引領時代趨勢。

防模仿機制：制定教師考核機制，鞏固學園學習品質。提供課程回饋機制，以調整課程內容。

風險預防：本園預期頂標招生數為45位孩童，是全臺私立幼兒園幼兒數平均值之下，而每班15位孩童的小班制，在度過建園初期之後，即不必擔心招生問題。長者課程之後可以延長上課堂數、增加多種類項目，且平日白天制的長者學園，能與社區大學或救國團的上課時間做出區別，待本園經營穩定之後，還能增加家中無孩童的長者名額，讓長者學園這塊更加完善。

行銷策略

市場細分：

1. 孩童：現今臺灣社會多為雙薪家庭，一般家長會將孩童送往幼兒園，而對子女的期望及投資的教育費增加的緣故，特色幼兒園的需求及接受度也逐漸上升。

六、執行團隊（Who）
教保組×4名
行政組×2名
企劃組×1名

所需經費（How much）
One-time Fee：
裝潢170萬、教具12萬、遊樂設施23萬、硬體設備38萬
Monthly Fee：
租金15萬、薪資27萬、廣告0.5萬、水電費1萬、其他11.5萬
總共298萬元

2. 長者：一般長者選擇學習場所多爲社區大學或救國團。

目標市場：臺灣家中的孩童及長者。

市場定位：新型態長幼學習方式與環境。在幼兒園的制度下，增加長者課程及長幼共學時段，改善現今幼兒園的困境，提供長者在地學習的新選擇。

三、地理範圍（Where）

屏東市。

四、實施方式（How）

關鍵瓶頸障礙

1. 孩童加上長者的共學園尚未有前例可做參考，家長是否願意將長幼託付本園？
2. 共學課程的規劃是否讓長者有信心與孩童一同進行？
3. 如何讓長者將共學園列入選擇學習場所之一？

對策戰術設計

產品：將幼兒園教育和長者學習做結合，創造新型態長幼共學模式。

價格：透明化價格，主要以收孩童註冊費（每月12,000元）和月費（每月10,000元）爲主。若長者願意一同共學，將享有不加價且折扣優惠，價格變爲孩童加長者兩人註冊費每月減免2,000元（變爲每月10,000元），月費不變（每月10,000元），長者同行不僅免費，還有折扣，希望藉此提高長者參與意願。

宣傳促銷：發宣傳單、經營Facebook粉絲專頁、提供試讀機會，創造口碑。

通路：於屏東市區租150坪的園區。

人員訓練：央歐共學園老師群訓練。

有型展示：空間寬敞、簡潔，讓孩童、長者可以安心活動。

服務流程

1. 可透過Facebook專頁、電話、親訪詢問共學園資訊。
2. 共學園參觀及試讀機會。
3. 和學員家長保持互動聯繫，掌握學員學習狀態。
4. 與長輩學員進行課程反饋，提供學習之興趣方向供課程規劃。

👍 要習慣先作6W2H簡式企劃單，再開始完整企劃。

👍 本企劃是參與 TBSA商業企劃競賽的作品，比賽有規定的企劃格式，多是以表格呈現。將6W2H轉成任何的企劃表格都輕而易舉。

👍 本企劃預算共300萬，因此預算必須將300萬花完。

（封面略）

（目錄略）

企劃情報／概念分析表

👍 **What** 分析企業內部與外部情報，轉化成企劃案的核心概念。

SWOT現況分析		
機會	1. 臺灣出生率下降，老年人口卻是逐漸攀升，將兩者結合可使幼兒園轉型，以解決因出生率下降面臨幼兒園倒閉的問題。 2. 雙薪家庭加上時代趨勢，對於子女的期望及投注的教育經費增加，特色幼兒園的需求及接受度逐漸上升。 3. 政府鼓勵銀髮族學習，在建立各種教育措施之下，逐漸喚起銀髮族對終身學習的意識。	威脅	1. 專業的老人照護中心在時間與環境設施上，更為全方面照護長者。 2. 社區大學及救國團提供課程更為多元豐富，且在學習的時間上也較長、較多選擇。
優勢	1. 教師資歷滿五年以上，無論是幼保員、專業教師及環境設施，皆能為長幼提供一定教學品質。 2. 提供適合長幼的課程，除了有獨自學習的時間，還有每天固定的長幼共學時間，讓孩童能與親屬直接分享學習之樂。 3. 本園聘請營養師調配的餐點更加健康安全。	劣勢	1. 現今仍未出現長幼共學的學園，在未有前例之下，消費者較無參考依據。 2. 本園對長者提供的環境設施無法像專業的老人照護中心，因此在長者學員的健康方面有所限制。 3. 本園的課程規劃方式容易被仿造。

策略議題制定（思考方向：SXO、SXT、隱藏或轉化劣勢、強化優勢）

SXO（優勢X機會）

1. 讓家中長者跟著孩童一同來到學園，可以減少孩童初對陌生環境的不適應，家長也較不必擔心接送照顧孩童問題。
2. 在白天提供長者課程，讓長者不必利用晚上或假日與家人相處的時間來學習，且特色共學時間還能增進長幼關係。

SXT（優勢X威脅）

1. 針對健康的長者提供娛樂休閒地方之餘，安排多元豐富課程、增加上課堂數，使課程規劃更加完善。
2. 本園經營穩定之後，增加名額讓家中無孩童的長者也可報名，提供給長者更多課程的選擇、享受在地教學資源。

隱藏或轉化劣勢

由於現今尚未有將長者與幼兒園結合的共學園可以給家長們做參考，初期招生目標可能不達頂標，但只要長者方面的課程及共學課程得到好的反饋，央歐共學園就會成為第一家實施長幼共學的學園，即使有其他想要效仿本園的幼兒園，央歐共學園也能以首創好口碑，成為家長的首選。

強化優勢

1. 根據每個學期的考核來保持幼保員及長者專業教師的品質。
2. 共學課程的內容保持適合長幼一起學習，達到長幼良好互動效果，落實央歐共學園的核心宗旨。
3. 通過每個學期末的課程反饋方式與教師和學生進行溝通，進而調整課程規劃。

企劃基本原則方針（綜合思考策略議題，決定處理的指導原則）

目標市場：臺灣家中的孩童及長者。

策略定位：臺灣新型長幼學習環境。

價值提案：減少臺灣因出生率下降對幼兒園造成的衝擊，提供新型態的長者學習環境。

關鍵能力與資源：雖是新式學園，但聘請長幼領域的師資皆為五年以上的專業教師，具品質保證之外，特色共學課程引領時代趨勢。

防模仿機制：

1. 制定教師考核機制，以鞏固學園學習品質。

2. 提供課程回饋機制，以調整課程內容。

日後即使同業欲模仿，央歐共學園仍爲長幼共學的首創。

風險預防：

1. 臺灣出生率雖然逐漸減少，但本園預期頂標招生數爲45位孩童，是全臺私立幼兒園幼兒數平均值之下，而每班15位孩童的小班制，在度過建園初期之後，即不必擔心招生問題。

2. 長者課程之後可以延長上課堂數、增加多種類項目，且平日白天制的長者學園，能與社區大學或救國團的上課時間做出區別，待本園經營穩定之後，還能增加家中無孩童的長者名額，讓長者學園這塊更加完善。

最終的成果目標	
願景 創造一個適合長幼共學的在地學園，一起上學、分享學習樂趣，在學習和親屬感情上都能產生良好效果。	**方向目標** 第一年理想招生30位孩童，營業額660萬。 第二年目標招生45位孩童，營業額1,080萬。 第三年開始保持招生45位孩童，增加其他家中無孩童的長者進入園區學習的名額，營業額可達1,080萬以上。

階段性目標（第一個月）
第一學期　　　　　25位　　　300萬 第二學期　　　　　30位　　　360萬 初期主要推廣長幼共學課程，鼓勵家中長者學習。 央歐共學園的共學理念見效，提升家長選擇意願。

關鍵障礙／問題點
1. 孩童加上長者的共學園尚未有前例可做參考，家長是否願意將長幼託付本園？ 2. 共學課程的規劃是否讓長者有信心與孩童一同進行？ 3. 如何讓長者將共學園列入選擇學習場所之一？

STP行銷策略要素
市場細分： 1. 孩童：現今臺灣社會多為雙薪家庭，一般家長會將孩童送往幼兒園，而對子女的期望及投資的教育費增加的緣故，特色幼兒園的需求及接受度也逐漸上升。 2. 長者：一般長者選擇學習場所多為社區大學或救國團。 目標市場：臺灣家中的孩童及長者。 市場定位： 央歐共學園：為新型長幼學習環境。在幼兒園的制度下，增加了長者課程及長幼共學時段，三合一的新式服務可以改善現今幼兒園的困境，更提供長者在地學習的新選擇，是知識與情感相長的新式學園。

商品概念：複合式／教育性質／老人照護／嬰幼兒托育

商品／服務 定位	臺灣第一個老幼共學的安全安心學園。
商品／服務 概念要素	內容要點
一、 目標客群描述	1. 平日上班無暇照顧家中長者與孩童的雙薪家庭。 2. 年齡屆滿，將進入幼兒園學習的孩童。 3. 對課程學習與社交培養有興趣之長者。 4. 對新型態共學方式有高度興趣之長者與孩童。
二、 客戶購買／ 使用產品的 時機或情境	1. 讓上班的雙薪家庭，不用擔心家中長者與孩童獨自在家的安全、用餐問題，放心將孩童與長者一同送到本學園。 2. 吸引原本獨自在家中，但閒暇時想進修學習的長者。 3. 靠在本園學習的長者口耳相傳、呼朋引伴的方式，吸引新的也想一起共同學習、對於孩童共學有興趣的長者。

三、 客戶希望解決的問題／達成的願望	平日上班無暇照顧家中長者與孩童的雙薪家庭，對於長者，希望能提供安全、能及時被關注以及不會感到孤單又無聊，而這個場所相較於安養機構，若是長者自願性願意前往的會更好；對於孩童部分，希望提供優質的學習環境與師資設備。
四、 為客戶創造的利益／價值	讓平日上班無暇照顧家中長者與孩童的雙薪家庭，不需要讓長者獨自待在家中造成獨居的風險與孤單，也降低長者非自願性被送至安養機構；並且提供孩童優質的學習環境與師資設備，透過與長者的共學方式，營造祖孫互動的快樂與世代溝通的新方式。
五、 產品或服務的功能／特色	解決平日要上班的雙薪家庭長幼照顧的困擾，對於長者，提供安全、有趣以及不會感到孤單又無聊的學習環境，減少長者在家獨居之風險；對於孩童部分，提供優質的學習環境與師資設備。共學方式提升祖孫互動與相處之機會，使長者獲得心靈層面的快樂與滿足，孩童也能在學習過程中即時與長者分享快樂。

👍 以圖像輔助說明，更能說明創新概念。

行銷戰術及活動設計表

各戰術設計（7Ps）	
產品 （Product）	央歐共學園（Young & Old Learning School），將幼兒園教育和長者學習做結合。
價格 （Price）	幼兒註冊費12,000元，月費10,000／月。 長幼共學註冊費10,000元，月費10,000／月（不加收長者費用）。
宣傳促銷 （Promotion）	1. 發宣傳單。 2. Facebook粉絲專頁。 3. 提供試讀機會。
通路 （Place）	屏東市內租用150坪場地。

人員訓練 （People）	本學園老師群訓練。
有型展示 （Physical Evidence）	空間寬敞、簡潔，讓孩童、長者可以安心活動。
服務流程 （Process）	1. 可透過Facebook專頁、電話、親訪詢問共學園資訊。 2. 共學園參觀及試讀機會。 3. 和學員家長保持互動聯繫，掌握學員學習狀態。 4. 與長輩學員進行課程反饋，提供學習之興趣方向。

行銷活動設計					
顧客心理程序 （AIDAS）	行動方案	成果目標 （達成／創造／ 改變）	負責人	所需物件	經費
引起注意／ 建立認知 （Attention / Awareness）	1. 發宣傳單。 2. 建立Facebook粉絲專業。 3. 路燈旗、廣告布條。	1. 第一個月Facebook專頁粉絲人數到達100人。 2. 有10位家長打電話詢問共學園的資訊。	行政組	1. 宣傳單、路燈旗及廣告布條內容稿。 2. 印製宣傳單。	5,000／月
增加興趣 （Interest）	1. 多元豐富的課程內容。 2. 寬敞、舒適的活動空間。	30位家長詢問共學園相關資訊。	教保組	Facebook圖文宣傳	0

刺激慾望 （Desire）	提供參觀共學園環境，以及試讀的機會。	1. 粉絲專頁人數上漲到300人。 2. 前一個月每星期有10組人員報名試讀課程。	教保組	試讀報名表	1,000
促使行動 （Action）	家中長者和孩童一起入學的話，註冊費與月費只收一人，且註冊費部分每學期減免12,000元。	第一學期有25位幼兒入學，其中5位有家中長者一起入學。	教保組	製作電子收費優惠文案	0
提高滿意 （Satisfaction）	1. 和學員家長保持互動聯繫，掌握學員學習狀態。 2. 與長輩學員進行課程反饋，提供學習之興趣方向供課程規劃。	九成家長對共學園環境、教育課程滿意，第二學期增加5位學員。	教保組	電子紀錄單	0

☝ 執行分組必須確實掌握負責範圍。

 習題

一、假設你想開一家文創咖啡廳，請簡單圖解其Business Model。

二、續上，寫出6W2H簡式企劃單。

三、續上，寫出詳盡的事業企劃書。

第15講　標案企劃

標案可分為公部門標案與私部門標案兩大類。

私部門（個人、民間企業、非營利組織⋯⋯）徵求標案的形式很多元，而且只受機構內部規則的約束，因此，企劃的方式很難一概而論。大致上遵循徵求提案（RFP, Request For Proposal）→企劃提案→溝通修正→簽約執行，這樣的步驟，請依本書其他各講所教授的方法去進行企劃即可。

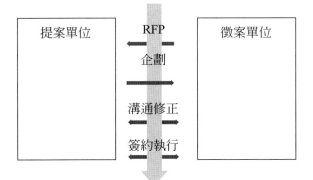

圖5　私部門招標流程

公部門標案，主要指政府標案，為了防止弊端，受到相關法律（如：《政府採購法》）嚴格的規範。基本上，企劃只能一板一眼地照著標案的要求去做，缺乏彈性的空間。

比較值得一提的是，與文創相關的標案，由於「不確定性」的作用，承辦機關也很少有能力事先做完整規劃。比如，舉辦一場大型晚會，節目流程、主持來賓、場地布置、新聞發

表……可謂千頭萬緒，很多都是要到了現場才臨機應變的項目。因此，這類標案鮮少採取明訂規格、最低價競標的形式來招標。大都遵循下面的步驟來進行：

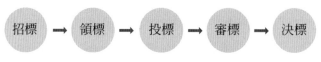

圖10　公部門招標流程

　　首先，招標單位會擬出徵求提案RFP。這個階段，其實就是由招標單位的承辦人來提企劃書，用來徵求提案。有時候承辦人會邀請類似案件以往曾合作過的對象，或者透過人脈介紹專家等，與潛在提案者，也就是你，一起來討論會商，擬出較可行的RFP。這種類型的案件，提案競爭者不會太多，相對容易拿到標案。

　　RFP 擬好了以後，依法必須上網公告，並規定至少需要一段期間以上。期間依案件規模而定，越大的案子通常有越長的公告期，小案子七天。能不能即時知道招標的訊息，以便有足夠的時間企劃投標，決定於你消息靈不靈通。如果你消息不靈通，就要定時查看政府採購網http://web.pcc.gov.tw/pishtml/pisindex.html，以免錯過招標訊息。（比如：每週一看一次）

　　找到想投標的案子以後，就可以「領標」，索取／購買投標所需文件。政府採購網現在都有電子領標的功能，只要付50元，就可以輕鬆在家拿到電子檔。不必特別跑一趟招標單位，十分便利。

　　領標回來，你要根據RFP，詳細擬就企劃。我們將在下面提供真實案例說明。

　　接下來，就進入審標階段。通常會要求提案人進行簡報，由承辦單位邀集的第三方專家學者和承辦單位共同組成委員會來審查，這時候你就用得著

第五講的提案技巧。簡報完後，會有一場Q&A問答時間，一般採取「統問統答」（委員個別提問完後，再由提案者統一回答）。最後再由審查委員打分數，依分數高低轉成得標的順位。

審查會後可能馬上決標，也可能過一段時間才通知審查結果。如果順利得標，接下來就是簽約執行。

【標案必讀】政府採購法

所有的政府公部門，甚至接受政府補助的法人團體所開出來的標案，都必須遵循《政府採購法》的規範，在此節錄並簡單說明部分條文：

第2條　　（採購之定義）

本法所稱採購，指工程之定作、財物之買受、定製、承租及勞務之委任或僱傭等。

前項採購適用本法之規定，該法人或團體並受委託機關之監督。

第6條　　（辦理採購應遵循之原則）

機關辦理採購，應以維護公共利益及公平合理為原則，對廠商不得為無正當理由之差別待遇。

......

第7條

......本法所稱勞務，指專業服務、技術服務、資訊服務、研究發展、營運管理、維修、訓練、勞力及其他經主管機關認定之勞務。

☝ 文化創意產業大部分的標案都屬於勞務的範圍。

第18條　（招標之方式及定義）

採購之招標方式，分為公開招標、選擇性招標及限制性招標。

本法所稱公開招標，指以公告方式邀請不特定廠商投標。

本法所稱選擇性招標，指以公告方式預先依一定資格條件辦理廠商資格審查後，再行邀請符合資格之廠商投標。

本法所稱限制性招標，指不經公告程序，邀請二家以上廠商比價或僅邀請一家廠商議價。

☞ 與文化創意產業相關的勞務採購，大都屬於選擇性或限制性招標。

第20條　（選擇性招標）

機關辦理公告金額以上之採購，符合下列情形之一者，得採選擇性招標：

一、經常性採購。

二、投標文件審查，須費時長久始能完成者。

⋯⋯

☞ 企劃內容越複雜，越可能適用選擇性招標。可以先與承辦機關先就案件規模做評估，協商進行選擇性招標。

第22條　（限制性招標）

機關辦理公告金額以上之採購，符合下列情形之一者，得採限制性招標：

一、以公開招標、選擇性招標或依第九款至第十一款公告程序辦理結果，無廠商投標或無合格標，且以原定招標內容及條件未經重大改變者。

二、屬專屬權利、獨家製造或供應、藝術品、祕密諮詢，無其他合適之替代標的者。

☞ 緣由於智慧財產權保護的本質，文創產業標案通常適用本條，可辦理限制性招標。

三、遇有不可預見之緊急事故，致無法以公開或選擇性招標程序適時辦理，且確有必要者。

☞ 緊急標案必須要經常性地看招標公告，才會抓得到。

……

九、委託專業服務、技術服務或資訊服務，經公開客觀評選為優勝者。

十、辦理設計競賽，經公開客觀評選為優勝者。

……

十三、委託在專業領域具領先地位之自然人或經公告審查優勝之學術或非營利機構進行科技、技術引進、行政或學術研究發展。

十四、邀請或委託具專業素養、特質或經公告審查優勝之文化、藝術專業人士、機構或團體表演或參與文藝活動。

☞ 文創標案經常適用以上各款，通常會召集專家學者組成的委員會評選。

第27條 　（招標之公告）

機關辦理公開招標或選擇性招標，應將招標公告或辦理資格審查之公告刊登於政府採購公報並公開於資訊網路。公告之內容修正時，亦同。

前項公告內容、公告日數、公告方法及政府採購公報發行辦法，由主管機關定之。

機關辦理採購時，應估計採購案件之件數及每件之預計金額。預算及預計金額，得於招標公告中一併公開。

☞ 政府採購網http://web.pcc.gov.tw/pishtml/pisindex.html 要記得定期去看。

第30條　（押標金及保證金）

機關辦理招標，應於招標文件中規定投標廠商須繳納押標金；得標廠商須繳納保證金或提供或併提供其他擔保。但有下列情形之一者，不在此限：

一、勞務採購，得免收押標金、保證金。

……

👍 文創標通常免押標金和保證金。

第33條　（投標文件之遞送）

廠商之投標文件，應以書面密封，於投標截止期限前，以郵遞或專人送達招標機關或其指定之場所。

前項投標文件，廠商得以電子資料傳輸方式遞送。但以招標文件已有訂明者為限，並應於規定期限前遞送正式文件。

機關得於招標文件中規定允許廠商於開標前補正非契約必要之點之文件。

👍 記住，一定要準時。

第45條　（公開招標）

公開招標及選擇性招標之開標，除法令另有規定外，應依招標文件公告之時間及地點公開為之。

第46條　（底價之訂定及訂定時機）

機關辦理採購，除本法另有規定外，應訂定底價。底價應依圖說、規範、契約並考量成本、市場行情及政府機關決標資料逐項編列，由機關首長或其授權人員核定。

前項底價之訂定時機，依下列規定辦理：

一、公開招標應於開標前定之。

二、選擇性招標應於資格審查後之下一階段開標前定之。

三、限制性招標應於議價或比價前定之。

👍 打聽、洩漏底價是違法的喔！

第47條　（不訂底價之原則）

機關辦理下列採購，得不訂底價。但應於招標文件內敘明理由及決標條件與原則：

一、訂定底價確有困難之特殊或複雜案件。

二、以最有利標決標之採購。

三、小額採購。

前項第一款及第二款之採購，得規定廠商於投標文件內詳列報價內容。小額採購之金額，在中央由主管機關定之；在地方由直轄市或縣（市）政府定之。但均不得逾公告金額十分之一。地方未定者，比照中央規定辦理。

👍 文創產業也常有不訂底價的標案，就必須在企劃書中詳細規劃出預算金額。

第52條　（決標之原則）

機關辦理採購之決標，應依下列原則之一辦理，並應載明於招標文件中：

一、訂有底價之採購，以合於招標文件規定，且在底價以內之最低標為得標廠商。

二、未訂底價之採購，以合於招標文件規定，標價合理，且在預算數額以內之最低標為得標廠商。

三、以合於招標文件規定之最有利標為得標廠商。

……

👍 通常以組織委員會的方式審查。

第56條　（最有利標）

決標依第五十二條第一項第三款規定辦理者，應依招標文件所規定之評審標準，就廠商投標標的之技術、品質、功能、商業條款或價格等項目，作序位或計數之綜合評選，評定最有利標。價格或其與綜合評選項目評分之商數，得做為單獨評選之項目或決標之標準。未列入之項目，不得做為評選之參考。評選結果無法依機關首長或評選委員會過半數之決定，評定最有利標時，得採行協商措施，再作綜合評選，評定最有利標。評定應附理由。綜合評選不得逾三次。

依前項辦理結果，仍無法評定最有利標時，應予廢標。

機關採最有利標決標者，應先報經上級機關核准。

最有利標之評選辦法，由主管機關定之。

第94條　（評選委員會之設置）

機關辦理評選，應成立五人至十七人評選委員會，專家學者人數不得少於三分之一，其名單由主管機關會同教育部、考選部及其他相關機關建議之評選委員會組織準則及審議規則，由主管機關定之。

企劃範例

【RFP】屏東縣藝文設施前場管理委託執行

這是屏東縣政府計畫委託大專院校管理各藝文設施（演藝廳、藝術館）的RFP（公開資訊），由文化處擬稿撰寫。在此用來為讀者說明RFP應該注意的要點：

屏東縣藝文設施產學合作前臺工作委託執行計畫採購徵選須知

壹、基本規範說明：

一、標案名稱：屏東縣藝文設施產學合作前臺工作委託執行

二、預算金額：新臺幣64萬1,292元；採購金額：85萬5,056元；後續擴充金額：21萬3,764元。

是否受中央補助：□是，補助金額：＿＿＿，補助機關：＿＿＿；■否。

三、招標方式及依據法令

□公開招標：依採購法第18、19條辦理。

□限制性招標公開評選：依採購法第22條第1項第9、10、11款辦理。

■公開取得廠商企劃書：依中央機關未達公告金額採購招標辦法第2條第1項第3款辦理。

四、決標方式

□最有利標□準用最有利標■參考最有利標精神

□訂有底價■不訂底價（□固定金額或服務費用■由評審委員會審定建議金額）

□複數決標■非複數決標

五、投、開標方式：一次投標（即資格證件審查→評審作業）。

六、押標金：無。

七、履約保證金：□契約金額百分之＿＿俟驗收合格後無息發還、■無。

八、標單報價方式：■總包價法□單價計算法□工程建造費百分比法。

九、後續擴充：■期限：自104年1月1日起至104年1月31日止，履約期限擴充1個月，金額：21萬3,764元。

備註：

採原契約條件及人數核算付款，得以換文方式辦理，免召開議價會議。

本案預算經費須以完成預算法定程序為準，如核定預算經費刪減，依實際通過預算為準。

十、是否屬公共工程實施技師簽證範圍：□是、■否。

貳、履約地點：屏東縣

參、工作計畫範圍概述或採購需求說明

（一）委託勞務名稱：屏東縣藝文設施產學合作前臺工作委託執行

👍 What

（二）執行地點：屏東縣

👍 Where

（三）計畫期程：自機關通知日起至103年12月31日止

👍 When

（四）計畫項目及內容

本人力需求為現場前臺計時人力服務，分78場次出勤，服務人數共40人（含36名前臺人力及4名前臺督導人員），提供演出活動內容及演出前各項準備工作、驗票、觀眾入場引導及前後臺秩序控管、服務臺諮詢服務、售票服務、節目單販售、進場民眾物品之寄放、觀眾席禁止事項管制、演出期間前臺環境清潔維護、貴賓接待及其他觀眾服務事項。

👍 What　　說明徵案內容。

（以下略）

前臺計時人員享勞保及時薪預計115元待遇；前臺督導人員享勞保及時薪預計126元待遇，詳見本案經費概算表。支付方式依實際出勤場次及人數計算（依實核銷）。該場次為預估數，惟校方不得要求完全給付。

👍 How much　　預算條件一定要說明清楚。

肆、廠商資格

基本資格：各大專院校

投標廠商應檢附如下證明文件：

（一）學校檢附教育主管機關立案證明文件

（二）投標廠商切結書

（四）投標廠商聲明書

投標廠商應將投標文件（除上述文件外應含標單及標價清單）檢附齊全裝入標封內密封，連同企劃書一併包裝，封面上應載明廠商名稱、地址、電話及招標機關與標的名稱，依招標公告規定期限內寄（送）達指定地點；若投標文件檢附不齊全或未依招標文件規定投標則視為無效標。「投標廠商證件審查表」請一併寄回。

☞ When　　　再次強調，各項文件一定要準時。

伍、企劃書內容及格式

廠商應提供企劃書乙式八份，一律以中文書寫，A4紙張單面或雙面列印（圖樣得採用A3紙張），橫式由左至右橫寫為原則，並打字編頁碼裝訂成冊，頁碼數以不超過五十頁為原則（附件頁數不計）。服務建議書內容須依下列項目及順序撰寫：

1. 計畫綜合資料表：含投標計畫名稱、執行單位（廠商）名稱、計畫經費、工作進度表、計畫主持人、聯絡人、電話及計畫內容摘要等。

2. 計畫目標：工作計畫及各工作項目所要完成及所要解決之問題（請分別具體敘述）。

3. 計畫實施策略及方法：工作計畫及工作項目之實施策略及方法。

4. 價格之完整性及合理性（含單價分析）：工作計畫及工作項目，各項經費之配置並詳列，至少包括：前臺人員薪資、前臺督導人員薪資、勞工保險費、勞工退休金、行政雜支及行政管理費概估及配置等。

5. 執行進度及查核點（以甘特圖表示）：工作計畫進度表及查核點、各工作項目之進度表及查核點。

6. 人力配置及資源需求（依工作計畫及工作項目分別敘明）

(1) 預定參與計畫有關人員之配置狀況：參與計畫執行者為機構內部人員或外聘人員、執行者之學經歷、投入工作之時（天）數。

(2) 機構外聘（僱）人員，需先取得其意願執行計畫之聲明（簽約時得進行查證）。

(3) 執行團隊須註明固定之辦公處所、專案之會計與行政人員，以配合本府委辦工作及行政作業之聯繫事宜；另本府文化處得視業務需求指定辦公場所。

(4) 預期成果評估。

(5) 需要相關單位配合事項。

(6) 計畫限制條件及解決構想：對於計畫執行中及執行後可能遭遇之困難，預擬解決方案或構想。

(7) 其他：如認為本府規定之內容有不足之處，可自行併於企劃書中提出。

陸、評審辦法

一、參與評審廠商先由本府進行資格審查，資格不符者，不得參與評審，通過資格審查者即另行通知企劃簡報時間；未到場簡報者以書面審查之。

二、資格符合之投標廠商，由本府組成評審委員會各委員，依評審項目及配分，進行評分工作。

三、評審項目及配分

(1) 企劃書之完整性、合理性及具體可行性（含計畫目標實施策略及方法）。（占35%）

(2) 簡報廠商過去實績及專業能力。（占15%）

(3) 組織人力配置（含參與計畫人員之學經歷背景）之適切性。（占

20%）

(4) 價格之完整性及合理性（經費概算需求與用途及配置）之合理性。
（占20%）

(5) 簡報及答詢。（占10%）

備註：簡報不得更改廠商投標文件內容。廠商另外提出變更或補充資料者，該資料不納入評選。

四、評審會進行程序

1. 資格符合之投標廠商抽籤決定簡報順序，依序簡報並綜合回答評審之詢問，簡報每家10分鐘，統問統答10分鐘。

2. 評審委員就各家廠商提出之簡報內容及企劃書，進行討論並評分。

五、評定方式

1. 採每位委員評分轉序位法辦理，評定最有利標，經加總委員評分序位結果，以序位數最低者為優勝廠商。

2. 如有二家以上廠商為同一優勝者，以標價低者為優勝廠商，如標價仍相同者，擇配分最高之評審項目之得分較高者取得優勝廠商，若配分最高之評審項目之得分較高之分數仍相同者，由廠商抽籤決定優勝廠商；評定優勝廠商後再由評審委員會審定建議金額，簽奉首長核准後再辦理決標。

六、評審會時間：□開標當天■另行通知。

柒、簽約

依評審結果優勝廠商在二家以上者，以配分最高之評選項目，得分較高者為優勝廠商。得分仍相同者，以抽籤決定之。

決標後7日內辦理簽約相關事宜，若無故不依限簽約者，依政府採購法相關規定辦理懲處。

捌、附註：（略）

本案聯絡人：（略）

【標案企劃】屏東縣藝文設施前場管理委託執行

以下為屏東大學向屏東縣政府提出的標案企劃書（略做刪修），其後順利得標。

（封面略）計畫名稱、標案編號、投標單位、計畫期程、聯絡人等資訊

一、計畫綜合資料表（略）

👍 自行製作6W2H一頁資料表，含計畫摘要。

二、計畫目標

演藝廳為屏東新型大型演藝場所，匯聚全臺各演藝團體人才演出，吸引屏東縣民眾觀賞，為一培養民眾美感教育之重要場所。因此，為求演藝廳演出活動時前臺服務品質優良，將結合產業資源與學界人力資源，透過人才實際演練，達到產學合作最佳目標。

（略數段）

👍 將RFP中相關段落複製過來再修改即可。

本工作計畫為現場前臺工作人員其服務項目與其應對所解決之問題如下表：

前臺計時人員	
工作項目	所解決之問題
辦理演出前各項準備工作	預先準備就緒與提前布置，可避免觀眾進場時過於混亂，並在開場之前完成相關工作，亦可增加工作人員面對應變事項的隨機靈活性。同時教育工作人員專業態度，並提升工作人員事前準備工作的完成度。
觀眾入場引導及秩序控管	避免觀眾於入場時，因人數過多、擁擠而造成混亂等現象。並提高觀眾入場效率，降低觀眾座位找尋的困難度。

服務臺諮詢服務	提供觀眾詢問管道,讓觀眾疑問可馬上獲得解答,並有效降低演出後續問題發生的機率。如:廁所位置、椅墊租借等,讓觀眾觀賞演出時可更順利。
售票服務、驗票、節目單販售與進場民眾物品之寄放	為防止觀眾未持票進入觀賞演出,造成其他觀眾與演出團體等權益受損,必須確切執行售票與驗票之動作。 協助演出單位販售節目單,並讓觀眾更加了解整場演出細節與演出團體介紹等。 協助民眾物品寄放,方便進場觀眾遵守觀賞規範,並維護其他觀眾觀賞權益與整體觀賞品質。
協助觀眾遵守劇場規範之控管	透過協助觀眾遵守劇場規範,可有效降低觀眾於劇場內違反劇場規範機率,並可讓觀眾培養觀看表演所需觀賞禮儀等美感教育,進而提升整體美學素養。
演出期間前臺環境清潔之維護	於演出期間維護前臺清潔,不僅維護演出團體與觀賞民眾的權益外,更確保觀眾觀賞演出的品質。在演出團體方面,除了給予演出團體優質的表演場所外,更加深下次前來屏東演藝廳演出的意願。
貴賓接待	專人負責接待貴賓,讓貴賓有高品質的觀賞經驗。且透過專人接待,可更加了解貴賓需求與反應,提供適合貴賓個人需求的方案。
觀眾問卷調查發放及收回或其他觀眾服務事項	問卷調查發放與收回,可協助觀眾觀賞表演前後,進退場順序的順暢與快速。並有效獲得觀眾意見與回饋。 針對觀眾個人疑問或需求進行疑難排解與需求提供,滿足各種不同狀況與臨時事項發生。
其他劇場服務工作配合之事項	彌補上述工作不足之處,防止突發狀況等應變不足項目的發生。

(略數段)

三、計畫實施策略及方法

(一) 前臺工作人員公開徵選作業

目前本校學生已經與藝術館有前臺點工人員的合作，訓練出來的同學具備相當實務經驗，可以成為演藝廳前臺點工的重點幹部，協助帶領培訓、招募新一批工作人員。新成員將會在徵選活動後，進行職前訓練及實習課程，依照能力進行分組作為日後各展演區域的固定前臺點工人員。

（略數段）

👍 How　　詳述各項工作執行方法。

四、價格之完整性及合理性（含單價分析）

（略）

👍 How Much　　依RFP所提預算金額，精密試算後以表格呈現各項價格。總額不得超過招標底價。

五、執行進度及查核點（以甘特圖表示）

工作執行進度					
工作進度　　　　月份	八月	九月	十月	十一月	十二月
前臺工作人員公開徵選作業	■				
第一次工作人員會議	■				
演藝廳前臺服務專業實務課程	■				
演藝廳前臺服務現場實習	■				
8月成果報告	■				
執勤		■	■	■	■
前臺督導會議		■	■	■	■
每月結案報告		■	■	■	■
成果效益檢討		■	■	■	■
總結案報告		■	■	■	■
執行進度	20%	40%	60%	80%	100%

☝ When　　用甘特圖呈現最好。

六、人力配置及資源需求

1. 預定參與計畫有關人員之配置狀況（略）

☝ Who　　條列計畫人員姓名、學經歷、聯絡方式、工作項目等。
（以下略）

☝ 以下照RFP要求作文數段，無關緊要。

習題

一、上網搜尋一件與文創產業相關的政府標案，分析其RFP。

二、續上，寫作投案企劃書乙份。

第16講　補助與競賽

天助自助者。

—— 班傑明・佛蘭克林　美國開國先賢、發明家

　　從事文化創意產業這麼久，各式各樣的場合或臉書上看到，常常聽見有人在抱怨：「政府完全不重視我們藝文工作者……」、「我們想要做社會企業，完全找不到資源……」這些話，相信你也聽到過很多吧？

　　但其實只要對文創產業的發展有粗淺的了解，你就會發現，**這些抱怨完全不確實**。因為無論什麼時間點，政府部門或民間單位都有各種類型的補助案或是競賽。資源其實不少。第一種可能是「案源」問題，這些抱怨者真的找不到資源——要嘛就是懶，要嘛就是真的不知道怎麼去找。第二種可能是「能力」問題，他們知道哪裡有資源，自己卻拿不到，所以乾脆酸葡萄——要嘛就是壞，要嘛就是真的不會寫。第三種可能性是「意願」的問題，他們根本不想寫，藝術家這麼高貴，怎麼可以寫案子要錢？

　　「意願」的問題，本書無法解決，那是人家的人生哲學，別人無法置喙，且略過不談；「案源」的問題，我們已經在前面「企劃資源」的地方談過，在此不擬複述。在本講中，我們將專注在「能力」的問題，提高你補助案的企劃能力。天助自助者，弄到所需要的資源，完成你的文創夢。

　　由於近年來政府財政也不怎麼好，現在各種補助案大都是「競爭型」的補助案，本質上也是一種「競賽」；而所謂「競

賽」，本質上也是透過比賽的方式將資源「補助」給你。也就是說，**競賽和補助其實是一體兩面**：你得提出你自己的企劃，和別人的企劃來競爭，贏了就有資源，輸了回家吃自己。

　　各種類型的補助案或競賽，企劃書的結構都非常相似，有時候甚至只要套用格式來寫就可以了。只要掌握了6W2H關鍵，就能寫出還不賴的企劃書。進一步，若想博得評審的青睞，就必須找出並強化自己的亮點WOW!，才能在看起來都很相像的案子中吸引人進一步了解。

6W2H

　　補助案可分為「經常性」（每年／每季／每月舉辦）與「專案性」兩種。通常類似的補助，企劃書格式和內容都沒有太大的差異，必須包括以下幾個項目：

計畫緣起

　　Why——敘述企劃的背景、動機、企劃原因。像是你覺得現代人的公民素養不足，想提出某個企劃來解決，那就可以在此處附上各種參考資訊，如環境分析、政策分析等論證，也最好提出相關的分析數據在證你的想法，不會使人覺得只是在空談。

計畫目標

　　What——簡單說明此份企劃的主題與企劃想達成的目標。可以分點列述，最好加上一、兩行醒目的標題。

計畫內容

How——說明企劃的內容、執行方式。可設定主題方案和輔助的方案，以條列的方式列出重點。可能的話，直接放上相關的圖片。各種補助案評審通常都是大忙人，那麼多本企劃書，根本沒時間從頭看到尾。如果能點出重點方便他們閱讀，自然能提高通過的可能性。反之，如果你的企劃案沒有重點（相信我，這也常發生），就儘量長篇大論，用複雜優美的文句來包裝，或許也能矇過去。

若企劃中有涉及商品或其他特殊亮點WOW!，也可寫出相關資訊，並附上其他備案——企劃本來就很容易因為一點意外而發生改變，只要稍加著墨即可，不必太過杞人憂天。

Who & Where——主題有關的市場調查，能表現出你在撰寫企劃案時確實有做過相關的內容研究。比如想舉辦一個客家音樂節，可以找出過去辦過的音樂節相關資訊，分析比較企劃案的內容和過去所辦的有何差異。

也可以做SWOT分析，找出企劃的優點、缺點、威脅、機會。此階段可以設想執行時可能發生的問題與危機，要如何解決這些問題。記住，不可能有十全十美的企劃，找出不足的地方，想辦法補足那就是了。

When——計畫的相關期程，以甘特圖呈現，若分成短、中、長期企劃者可再另外標明，別忘了標上「重要里程」（Milestone）與「檢查點」（Check point）。

申請單位基本描述

Who——申請公司或個人的資本資料。包括過去的資歷背景、合作的案件、執行經驗等資訊，以盡可能顯露出公司實力為原則。某些補助案會限制只有特定類型的人或公司才能參加，像是針對中小企業、學校單位等，若資格不符當然就會第一個被刷掉，在撰寫前記得先仔細看清楚，免得勞心勞力

完成後，卻完全不能用。

企劃執行的內部組織、人力分工等都可以在此敘述。

經費預算

How much——預算的規劃。補助經費的運用狀況當然是審查重點中的最重點，需針對補助和自行籌措來分別編寫。在預算編列上，盡可能用表格清楚標明每筆錢的運用方式，計算必須合理，**千萬不可低估**。

有很多補助案預算都有「上限」，那就應該把它寫滿，寫到上限。沒有上限的補助案就參考「行情價」，上次類似的案件拿到多少，我們就寫多少。如果查不到行情，那就得真得審慎評估你的計畫內容，算出執行要花多少錢？寧可高估，不要低估。

有一些申請補助案的專家作法是：**加倍申請**，你需要100萬，就申請200萬。因為，審查後總是會被砍——政府補助案慣例是砍一半——砍成一半就剛剛好。

競賽或者民間單位補助案就比較沒那麼制式砍價，他們通常是看企劃的內容值不值那麼多錢來審查。

預期效益

預期的效益，執行後預計可以吸引多少人？銷售多少商品？促成多少媒體報導等，想達成什麼樣的目標都可以在這裡寫出，不過最好能參考過去類似企劃提供的數值，不要瞎猜。

Wow!——寫出企劃的亮點和創意。要注意企劃案是拿來執行的，創新固然很重要，但若完全做不到就是天馬行空，必須要呈現企劃的可行性，「寫企劃不是作文比賽，必須站在客戶的立場思考，寫出會被採用的企劃，否則

只是廢紙一張。」[1] 別只著重在華麗的詞彙或「假大空」的架構上。

　　最後要提醒的是，這類企劃的架構都很像，大家常常直接使用舊檔案來修改，可以大幅減省企劃工作的成本。不過若漏掉細節未修，像是沒改到年份日期、打錯主辦單位這類的小錯誤，就會很容易讓人覺得你心不在焉，非常容易被「打槍」。

　　畢竟補助和競賽企劃最後都是會送到主辦單位手上的，交出前要記得重複檢查。可以甚至請其他的人幫忙看（這叫「黑箱測試」），避免自己產生的盲點。在形式上，像排版雜亂、錯字、漏字都會造成評審的負面觀感，降低企劃的成功率。

企劃範例

【補助申請】華文戲劇故事媒合與發行平臺

「華文戲劇故事媒合與發行平臺申請」計畫書

文化部103年度「輔導數位出版產業發展補助」40萬元整

申請項目：第二類　建立出版產業創新營運或數位閱讀模式

計畫名稱：劇情故事　華文戲劇故事媒合與發行平臺

申請單位：嗨森數位文創有限公司

（目錄略）

1　《寫企劃，不是作文比賽！》，http://goo.gl/jmnZek，檢閱日期20140905。

壹、計畫名稱

劇情故事　華文戲劇故事媒合與發行平臺

👍 **What** 　簡單、清晰、響亮。

貳、計畫目標

引進數位化流程至影視產品之核心——故事與劇本之行銷，將故事與劇本投入數位出版市場，培育數位出版與戲劇製作之媒合人才，將優良出版品數位化之外，並從其製作到行銷流程創新、採用數位化新知識提供顧客新產品及新型態服務，並建立其他有別於傳統出版之新型態商業經營模式。

一、背景與說明

👍 **Why** 　說故事。

1. 計畫背景

文創產業的核心其實是在於好「故事」。無論是電影、電視節目，或是遊戲開發甚或文創產品的行銷，有好的故事幾乎就等於能有好的成果。

如何獲得好的故事以達到最佳成果，往往是業界最煩惱的事。因此，成立一個穩定可信的故事平臺，是我們這項計畫的主要目標。就如「海角七號」，好的劇本，透過導演的詮釋成了膾炙人口的電影作品，進而使人們開始關注排灣琉璃珠，同時造就了「海角七號」在墾丁的熱門觀光景點。

「華文戲劇故事媒合與發行平臺」就是計畫透過定期發行機制建立故事文本資料庫平臺，與內容業者媒合，開發電影、電視、動漫畫、廣告、遊戲等內容，以促進華文文創產業核心發展。

（略數段）

二、獲利模式說明

👍 **How much** 　以獲利能力吸引審查委員青睞。好企劃要把$寫在最前面。

（涉及營業機密，略）

參、計畫執行期程（略）

肆、計畫內容規劃及簡介

👍 What　　分項分點說明為佳。

一、嗨森數位文創簡介（略）

二、數位化出版品件數、內容及主題規劃（略）

三、目標市場及客群（略）

四、過去實績及專業執行能力（略）

👍 Who　　讓評審委員知道你的 Track record。

伍、量化及質性之關鍵評估指標

👍 現在政府補助案相當重視KPI，要寫自己能達到的具體目標。

三、其他效益或社會貢獻（略）

四、投入資金多寡

總執行金額為新臺幣------元整，由嗨森自籌款為新臺幣------元整；擬向文化部申請補助之金額為------元整。

👍 How much　　通常核定下來的補助金額遠少於申請金額，需要報修正計畫後方能執行。

五、聘僱人力情形（略）

六、行銷計畫（略）

👍 How　　儘量分點陳述。

七、產品延伸運用及預期銷售量（略）

陸、計畫執行進度（略）

👍 When　　甘特圖。

柒、預估經費總預算明細表（略）

👍 How much　　試算表列。

捌、其他相關事項：附錄證明（略）

【競賽企劃】工具圖書館改造再出發

青年共享及循環經濟：工具圖書館

2017教育部青年政策提案競賽決賽入圍。

作者：黃任佑、楊婉穎、蔡佩容、張雅婷

（封面略）

（目錄略）

摘要

　　現今資源取得過於方便導致社會資源浪費，若能將工具圖書館依附各鄉鎮圖書館，提供多種類的工具借用，與社區大學結合推出課程提供場地與物品培養民眾使用習慣，工具圖書館將資源共用並為青年創造使用空間。

　　工具圖書館結合區域圖書館，可以使工具圖書館更加便利，並將工藝結合工具圖書館，推廣在地傳統技藝與新銳藝術家合作，與當地工藝師結合，創造共創空間，提供空間與大型機具，與師傅合作引進國外技術交流配合，提升我國工藝傳承以及製作技術。

　　（前言略）

現況及問題分析

👍 Why　　如能以具體數據點出問題，一顯示研究功夫，二增加說服力。

☝ 拆解失敗案例，分析共同以及特殊失敗原因，排出解決問題順序。

失敗案例：

2015新竹工具圖書館（私人）

2015藍興里工具圖書館

2016新北市工具圖書館

新竹關西食農共享基地

問題檢討：

依照上列，可知我國並非缺乏工具圖書館的地點及推動熱忱，但上列工具圖書館卻缺乏使用率，同時修繕問題也造成一大阻力，就上述將失敗案例原因歸納為五點：

1. 倉庫距離過遠，租借不方便。

2. 缺乏宣傳。

3. 提供工具有限。

4. 募資失敗。

5. 經費不足難以營運。

解決對策及行動方案

☝ What & How

工藝圖書館更新

作法：

1. 器材存放空間：區分出大機具與小型機具擺放空間，避免混雜難以分類，並增加大型機具供應。

2. 多元合作：定期與博物館、當地職人、新銳藝術家合作，舉辦活動或駐點表演，增加知名度與曝光率。

3. 課程辦理：針對各地特色傳統工藝，推出專業課程，使民眾接觸傳統

工藝並加以留存。

4. 國際交流：參考國外工具圖書館優缺點，並與之交流合作，引進國外技術，或交換展出工具物件。

5. 故事展覽：不同的工匠、職人定期推出展覽；與科技大學、職業學校合作相關展覽。

APP應用

作法：

1. 圖書館網路：將物件建檔，並將出借清單以及使用期限於平臺上公告。

2. 與桃園市民卡、悠遊卡等晶片卡結合：在付款清算上更加便利，同時可累積點數。

3. 知識短片：邀請業界師傅拍攝基礎知識短片，借用人能更清楚使用方式及守則。

4. 推廣資訊：建立資訊推廣平臺，將各館的最新資訊提供給民眾。

5. 真人圖書館：邀請各領域工匠師父配合，經營真人圖書館。

👉 **列點說明，清晰有條理。**

地點：

前兩年以桃園市為主要發展據點，並在第三年後視情況將此概念推廣至全國。

前兩年以桃園地區發展

月	1-3	4-5	7-9	10-12	13-15	16-18	19-21	22-24
桃園工具圖書館	募集、開辦			推薦書單建立開始執行			社區大學合辦課程	
工藝圖書館			籌備、合作	開辦			配合節慶推出	國際交流講座

App建立	營運知識短片		新增工藝部分	新增資訊推廣部分
行銷宣傳	基礎宣傳	網紅業配		合作宣傳
行銷宣傳活動*	第一年免費		7-11簡訊禮卷	工具人齊造活動

　　第三年起以桃園為模型拓展北臺灣區域工具圖書館，複製桃園案例並配合當地修改，進行推廣。開始籌備北臺灣工藝圖書館（例如：新竹玻璃；白米木屐；鶯歌陶瓷；三峽藍染）。

　　第四年：穩定北臺灣工具圖書館發展北臺灣工藝圖書館，執行北臺灣工藝圖書館專案。同時籌備中臺灣工具圖書館與工藝圖書館，以臺中市為起點（大甲帽蓆、編織手工藝；豐原漆器）。以及南臺灣工具圖書館，以高雄市為起點進行。

　　第五年：建立全臺灣工具圖書館網絡，完整中南部工具圖書館與工藝圖書館，建立全臺資源共享網絡。

　　預期效益：

　　第一年先以桃園地區為模型，以區域圖書館結合工具圖書館推出，提升租借的便利性，增加工具圖書館之知名度，使桃園的工具圖書館出借量成長一倍，民眾能夠充分利用此服務，且讓桃園市民卡有更多功能性，並讓工藝圖書館的概念得以成形，並穩定北臺灣的工具圖書館品質，總借用量到達200,000次；發展北臺灣工藝圖書館共創空間使用率達到60%。

　　第三年起工藝圖書館共創空間使用率達到60%，以桃園為模型，拓展北臺灣區域工具圖書館，讓工具圖書館的理念慢慢擴大，讓更多地區的居民能享受此服務；工藝圖書館的理念擴展到北臺灣，振興在地傳統工藝。

　　最終達到全臺灣擁有工具圖書館網絡，並將工藝圖書館推廣至全臺。

（以下數點行動方案比照寫作，略）

☝ 循序漸進將目標擴展全國，使該政策成為全國性指標。

參考書目（略）

習題

一、找出一項政府補助案，依項目要求撰寫企劃書。

二、上「獎金獵人網站」，找出一項企劃競賽，組隊參加。

參考書目

《開心玩文創：從0到億的創新魔法書》，施百俊，書泉出版，ISBN：9789861217635。

《故事與劇本寫作》，施百俊，五南出版，2014/01，ISBN：9789571174693。

《美學經濟密碼》，施百俊，商周出版，2014/09，ISBN：9789866571992。

《高橋憲行企劃書聖經》，高橋憲行，大是文化，2008/02，ISBN：9789868371163。

《2013 臺灣文化創意產業發展年報》，文化部，2013/12，ISBN: 9789860390414。

《迪士尼的劇本魔法》，傑森‧瑟瑞爾，稻田，2011/12，ISBN：9789866749919。

《文化創意產業（上）：以契約達成藝術與商業的媒合》，理查‧考夫，典藏藝術家庭，2003/09，ISBN: 9789572895856。

《自由書寫術》，馬克‧李維，商周出版，2011/08，ISBN：9789861209081。

《激發創造力》，Bjorn Gemmer，飛寶國際文化，2006，ISBN：9867292413。

《創新者的思考》，大前研一，商周出版，2006/03，ISBN：9861246150。

《組織創造力》，Neville I. Smith、Murray Ainsworth，遠流，1993，ISBN：9573218798。

《創意是一種習慣》，Twyla Tharp，張老師，2005，ISBN：9576936195。

《創意革命》，Michael Ray、Rochelle Myers，天下發行，1990，ISBN：9576210593。

《搜尋引擎沒告訴你的事》，Eli Pariser，左岸文化，2012，ISBN：9789866723636。

《賈伯斯抓住人心簡報力》，鄭碩教，大田，2013，ISBN：9789861793047。

《大家來看賈伯斯》，Carmine Gallo，麥格羅希爾出版 ，2010，ISBN：9861576932。

《史蒂芬‧金談寫作》，史蒂芬‧金，商周，2002/03，ISBN：9574699978。

《google會怎麼做》，Jeff Jarvis，天下遠見，2009，ISBN：9789862163177。

《google時代一定要會的整理術》，Douglas Merrill、James A. Martin，天下遠見，2010，ISBN：9789862166369。

《好企劃這樣寫就對了！》，高橋憲行，商周出版，2011/06，ISBN：9789861207667。

《飛踢，醜哭，白鼻毛》，陳夏民，明日工作室，2012/11，ISBN：9789862904541。

《企劃案》，郭泰，遠流出版，1993，ISBN：9573219298。

《從0開始做企劃》，弘兼憲史，晨星，2007/10，ISBN：9789861771434。

《這樣思考，人生就不一樣》，外山滋比古著，究竟，2009，ISBN：9789861371177。

《TED TALK 十八分鐘的祕密》，Jeremey Donovan，行人，2013/08，ISBN：9789868965256。

《創業成功學》，喬爾•克茲曼、格林•黎夫金，梅霖文化，2010/06，ISBN：9789866511271。

《創業管理》，Bygrave，華泰文化，2010/09，ISBN：9789576098154。

《點子都是偷來的》，Austin Kleon，遠流，2013/04，ISBN：9789573271666。

《出發點》，宮崎駿，臺灣東販，2006/01，ISBN：9574738434。

《設計就是要解決問題》，佐藤可士和，木馬文化，2012/10，ISBN：9789866200649。

國家圖書館出版品預行編目資料

文創產業企劃實務：影視、出版、創業、競賽
與標案一本通／施百俊著. -- 二版. -- 臺
北市：五南，2019.10
　　面；　公分.
　　ISBN 978-957-763-680-5 (平裝)

1.文化產業　2.創意

541.29　　　　　　　　　　108015883

1ZER

文創產業企劃實務

影視、出版、創業、競賽與標案一本通

作　　　者 ― 施百俊（159.6）

發 行 人 ― 楊榮川

總 經 理 ― 楊士清

總 編 輯 ― 楊秀麗

副總編輯 ― 陳念祖

責任編輯 ― 李敏華

封面設計 ― 王麗娟

出 版 者 ― 五南圖書出版股份有限公司

地　　　址：106台北市大安區和平東路二段339號4樓

電　　　話：(02)2705-5066　　傳　　真：(02)2706-6100

網　　　址：http://www.wunan.com.tw

電子郵件：wunan@wunan.com.tw

劃撥帳號：01068953

戶　　　名：五南圖書出版股份有限公司

法律顧問　林勝安律師事務所　林勝安律師

出版日期　2015年 2 月初版一刷（共二刷）
　　　　　2019年10月二版一刷

定　　　價　新臺幣380元